新庄藩の嵐と灯火

その藩史と謎の法則

菅原道定
SUGAWARA Michisada

文芸社

はじめに

昔、出羽の国と呼ばれた山形県の新庄市では、一六二五年（寛永二年）常陸国（現茨城）松岡から転封した新庄藩祖・戸沢政盛《まさもり》公が新庄城を整備し領内を開いてから、二〇二五年（令和七年）で、四〇〇年という歴史的な節目の年を迎える。初代から十一代藩主正実《まさざね》公の戊辰戦争まで、他藩と同様に天災等、様々な苦難が続いた。

戸沢藩は、古くは大和の国、南北朝時代から続く歴史を持ち、関ヶ原の合戦で徳川方につき、功績を上げた譜代大名である。そこで外様の伊達や米沢を牽制するために、お家騒動の最上公を退け、転封させられたという。

戊辰戦争で会津藩落城は知られるが、新庄城は奥州で唯一炎上の悲劇に見舞われた城だった。

何故、新庄藩だけが。その訳とは、そこには十番隊に及ぶ迎撃隊の中、激戦に散った若き戦士たちがいたのである。上野の彰義隊や会津藩の白虎隊は有名だがそれに準ずる戊辰の悲劇に見舞われた若き新庄藩士たちがいたことはあまり知られていない。

東北の大藩に囲まれ、官軍と、越後が参加する前の奥羽列藩同盟軍との狭間のなかで翻弄され、多くの犠牲者を出しながら生き延びた辛苦の記録である。何時の時代も悲惨な戦争に見舞われるとき、歴史書には余り残らない悲劇に翻弄される若者や家族たちの叫びを取り上げた。戦士たちが言い遺した願いとして、悲しみを繰り返さないよう争いを回避して生きられる世の中を作り、維持することが、今も私たちの変わらぬ務めであると思い、無念に散っていった人々に応えるべく、本書にしたためたものである。

尚、最後に今から約二百七十年前、一七五六年（宝暦六年）にお祭りを創《はじ》め、災難で疲弊した領民の心を救い、幕府の恥辱に耐えながら身を挺して救済し、早世した五代戸沢正諶《まさのぶ》公を取上げさせて頂いた。

二部構成で、前編、第一部では藩主の縁談〜戊辰戦争と戦後〜新庄祭り迄で、事件に合わせて歴史ドラマ風に会話を記載した。後編、第二部では城の由来と祭りに至る飢饉と大火の状況～東北地方と秋田藩の惨状～新庄祭り詳細～当時の社会問題～参考に歴史の法則～むすびに、現代人の反省と希望で構成した。

新庄城の絵図面と現在の城門櫓の石垣

旧絵図面
©新庄市

城門絵図と神輿
（ジオラマ）
画像提供：新庄市ふるさと歴史センター

石垣は一分の隙間もなく緻密
写真提供：髙岡秀幸

城の堀と道（当時は橋）
写真提供：Webサイト日本の城写真集

目次

第一部　「新庄藩を襲った戊辰の嵐」

会津藩落城は知られるが、知られざる新庄城は奥州で唯一炎上の悲劇に見舞われた城だった。

何故新庄藩だけが…。その訳とは、そこには十番隊に及ぶ中、迎撃戦に散った若き戦士たちがいた。

第Ⅰ章　戊辰戦争前の戸沢藩主と嫁の縁談

幕末江戸時代の大名同士の交流

調査によると、江戸時代、大名同士の交流は盛んで、江戸城控えの間、藩邸、茶会・演能・相撲、寛永寺参拝等、そこには相客もあった。例に一六三〇年（寛永七年）五月、外様同士ながら仙台藩主伊達政宗が藩主島津家久を藩邸の宴に招いたという記録がある。戸沢藩と島津藩の縁談もこのような場の何処かで生まれたに違いない。届け出さえすれば婚姻も自由で武家諸法度もそう厳しくはなかったという。ちなみに米沢藩主上杉茂憲の正室は土佐藩主山内豊資の三女である。当時は多産でよい嫁ぎ先をさがしていた時代でもある。

戸沢藩主嫁、島津家の家系

戸沢藩主の嫁となる貢子《こうこ》姫（後の桃齢院）は八代薩摩藩主島津重豪《しげひで》の十一女で、幕末に多大な影響力を与えたNHK大河ドラマ「篤姫」（平成二十年放送）で知られる高橋英樹が演じた十一代島津斉彬《なりあきら》（養女が篤姫）の大叔母にあたり、篤姫の十八歳年上となる。参考に貢子姫の姑に当る九代正胤の正室、伊予子姫は阿波徳島十代藩主蜂須賀重喜の娘で四国と九州、同じ南国出身同士である。

これから藩主同士の出会いの様子や会話等は歴史書にはなく、ほぼこのような展開であったに違いないと事件毎の年号に合わせて歴史ドラマ風に仕立てて見た。市の歴史関係者からは異議も出ましょうが、お許しを願う。単に物語としてお読み頂き、思いを馳せ感じ入って頂ければ幸いである。

藩主同士で縁談（一八二九年）

ある宴席で藩主同士で縁談が持ち上がる場面（一八二九年）。

九代藩主戸沢正胤《まさつぐ》「我が藩十代となる息子正令《まさよし》、十六歳になる。嫁子を探しておるのだが、島津殿に年頃の女子はおられまいか？」

八代薩摩藩主島津重豪《しげひで》「丁度十二歳ではあるが、よい娘がおるが、よろしければ一度、見合いをさせてみましょうかの」

戸沢正胤「是非一度お願いしとうござる。では、本年の秋ころでは如何かと」

江戸藩邸で十代戸沢正令と島津貢子見合い結納

江戸藩邸で十代戸沢正令十六歳（一八一三年生）と島津貢子十二歳と見合い成立。それから結納の場面へ。正令と貢子二人の会話が始まる。意気投合、結納の儀が厳かに執り行われる。国元から主君、親族、家臣を呼ぶため、婚儀は翌年となる。

貢子「正令様、新庄とはどのようなところでございましょうか」

正令「雪も降るが、良い所ぞ。姫は可愛いのう、何がお好きかの？」

貢子「お餅と、お魚が大好きでございます」

島津重豪公肖像画
鹿児島県歴史・美術センター
黎明館所蔵　玉里島津家資料

正令「新庄には鮎も鮭もおり、美味じゃぞ。江戸から遠く離れるのも辛かろう、大切にするぞ姫！」

その他、仲むつまじい会話の様子「色々……」。そして結納。

江戸、戸沢藩邸での結婚式の場面（一八三〇年頃）

両家の藩主と江戸詰めの家族家来中心が出席のもと、藩邸の宴席にて。

「高砂やあ、この浦舟に帆を上げてえ！♪」

十一代藩主となる正実《まさざね》誕生（一八三二年）（他男子二人）

藩主正令早世し、嫁貢子運命の一大転機となる

一八四三年、参勤交代時江戸に向かう途中、正令三十一歳で発病、到着直後に正令死去する。

正令「後のこと子供たちのことを頼む、すまぬ！」

貢子「殿！　ああ、なんという悲しいことでございましょうか、まだ逝ってはなりませぬ！」（号泣）

正実十一歳と弟九歳「父上、早く元気になってください！」

正令「父亡くも二人共、母のいうことよく聞いて立派になりなさい。頑張るのじゃぞ！」

貢子は落飾し、「桃齢院」を若くして名乗ることになる（二十六歳時）。

よって祖父九代藩主戸沢正胤が幼年十一歳の正実を後見することになる。

九代藩主戸沢正胤、六十六歳で没する（一八五八年）

正実二十六歳時「爺様これまで有難う、悲しゅうござる。もっと教えを請いたかった」

（正胤の正室伊予子がその時約六十歳と推定、女性は男子より一般に長命で、少なくとも後十二年と仮定して、一八七〇年新庄城復活までは生きたとしてみる。徳島蜂須賀家から嫁ぎ、薩摩の貢子とは同じ南国同士で寂しさを共有する仲であったろう）

姑、伊予子「私も力になりますよ、貢子！　正実を助け頑張りましょうぞ」

その後、桃齢院は約五年間江戸で暮らす（参勤交代は隔年に行われ藩主は江戸へ向かった)。

詳細記：島津貢子《こうこ》「貢姫」一八一七年(文化十四年)三月十六日生まれ、一八九一年(明治二十四年)一月四日没(法名　桃齢院殿寿源貞操大姉)。戸沢家菩提寺・常林寺(東京・三田)に埋葬。父薩摩藩八代藩主島津重豪《しげひで》(斉彬《なりあきら》・十一代藩主篤姫養父の曽祖父)母側室・牧野千佐、重豪七十六歳の時の娘で、薩摩藩江戸屋敷(高輪)で生まれた。篤姫(一八三五年十二月十九日〜一八八三年十一月二十日)とは十八歳しか違わない。

桃齢院、江戸から新庄の円満寺に向かう

一八六三年、桃齢院、江戸から新庄に移る。藩主正実は常盤町別邸に桃齢院は円満寺に仮住まいした。

円満寺は城の鬼門封じに建立された寺で五穀豊穣と家内安全を祈願された。

三十一歳の正実を補佐し、藩政に多大な影響力を及ぼしたと思われる。正実は頻繁

に母の元を労いと相談事に訪ねたという。
正実二十六歳に祖父が没し、年齢から既に結婚していて側室もいた記録あり。正室を幕府の人質に江戸藩邸に残し、姑伊予子は桃齢院と未亡人同士となり、共に新庄に同行したのではと考えてみた。

正実「母上、変わりはありませぬか、江戸暮らしが長く新庄の暮らしは大変ではございませぬか？」

桃齢院「正実、大丈夫じゃ、新庄もよい所ぞ！」

それから五年後。
ここから戊辰戦の嵐へ向け新庄藩の運命が展開していく。

円満寺正門と本堂の写真
（円満寺は始祖弘法大師、真言宗、戸沢藩祈祷寺）
写真提供：円満寺

第Ⅱ章　戊辰戦争の嵐

幕府は大政奉還に至り戊辰戦争始まる

一八六八年（慶応四年・明治元年）九月、戊辰戦争となり、新庄藩は、当初、幕府軍を支持する奥羽列藩同盟に加盟していたが、後に、急遽、政府軍にくみすることになる。

（勤王派の縁戚の秋田佐竹藩や、官軍の実家島津藩出身の嫁の影響と思われる）

奥羽越列藩同盟軍との闘い

庄内軍の迎撃開始（一八六八年（慶応四年）七月十四日）

気候はもう夏である。暑い最中の事であろう。負傷でもすれば大きな傷は長くもつまい。

（参考に、当時の重金属の鉛弾は肉を腐らせ、放置すると鉛毒が全身を巡り中毒症状を引き起こす。水俣病メチル水銀の例では神経系が駄目になり、全身が痙攣状態になった事で知られる。急所が外れ一時は助かっても取り出さないで長時間おくと短命となる。例に関ヶ原の合戦で徳川四天王の一人、勇猛果敢で知られた井伊直政は受けた鉛弾の後遺症に悩まされ、二年後に短命に終わった記録がある。一八九九年のオランダのハーグにおける国際会議において戦時の使用禁止が宣言される）

庄内藩進軍の報が早馬にて届く

伝令「ご家老、庄内軍が領内に迫っております。大至急迎撃のご準備を」（息をきらし駆け込む）

筆頭家老、川部伊織「分かった。ご苦労、まず休め！」

家臣たち家族の下へ緊急召集発令

伝令「一大事にござる。出陣の身支度をし、総登城を願いまする」

新庄太助の家族恋人との別れ

父親「庄内藩の人たちとは仲がよく謝罪もしたのに、何でこんなことになったのかのう」（嘆く）

父母「太助、気い付けてな、死ぬなよ、皆のために頑張れ！」

爺婆「ここまで頼もしくなって誇りに思うぞ！　心置きなく闘ってくれ！」

太助「爺さま婆さま長生きしてな、一杯遊んでくれて有難う。婆ちゃん膝を大事にな！　では行って来る。次郎、花子！、兄に何かあったら爺婆、父母の事頼んだぞ！色々あって短い一生だったが、兄はお前たちと暮らせて幸せだった」

弟「兄さん、これまで良くしてくれて有難う、死んじゃイヤだよ」（泣く）

太助「分かった分かった！　帰ったらまた、たくさん遊ぼうな、これ（筆箱本お金等）は俺の形見だ貰ってくれ。サチさん、無事帰ってきたら、俺の嫁さんになってくれないか、前から好きだったんだ。言おうと思って言いそびれていた。これですっきりした。もし、帰って来ないときは、済まない、線香の一本でもあげてくれ！」

サチ「そんなのイヤ！、死んだら承知しないからね！　私も好きだったの！」（お守りを渡し泣く）

太助「泣ぐな、泣ぐな！　まるで死ぬみたいでないか、俺は無事帰って来るから心配するな、大丈夫だ。俺はみんなを絶対守ってみせるからな、たとえ死んでも大好きなお前たちの事を守るよ！　あとを頼んだよ。それじゃあな！　さらばだ！」

（最期の別れを告げ登城する）

別れの解説

五十六名もの尊い命が失われ帰らぬ人となった。城址の墓誌名も苔むし忘れ去られようとしている。上野の彰義隊や会津の白虎隊等に準ずる若き新庄藩の精鋭迎撃隊である。攻撃隊ではなかった所に同情されるべく若者たちの戊辰の悲劇があった。新庄藩にも起こった史実を世に知らしめたい。

おそらく誰の百人の家族でも同じような会話になったに違いない。人の別れとは例外なく、ひたすら無事と安否を気遣い、労り合い今生の別れの愛を示す。これまでの礼と詫びと、そして悲しみに耐え、励まし合い、清い覚悟を示すようになるに尽きるからだ。

これは何時の時代も普遍的なことであろう。大方は屈強な若者の出征で、やむなく若者のない家では婦女子を残し、父が出征する家もあったであろう。これら想像であるが、きっとこう言ったに違いないと思うと書きながら涙を禁じ得ない。

熊澤家の例、別れの場面

偶々《たまたま》出合ったある人の資料の発見から多くの家族を代表させて頂く。

（参考、実在の人物、藩主側近で相談と警護役、熊澤家は南北朝時代から戸沢公に仕えてきた譜代の家臣。資料は一九八一年（昭和五十六年）読売新聞掲載、神奈川の系譜、熊澤家より。他の資料は金山町教育委員会、故、栗田弥太郎氏の話として、槍の名手で藩主側近であったと聞く。又、金山町史の記録によれば、先代熊澤為衛門が金山郷代官職の頃は部下三名を従えて三年勤め、不作時の年貢軽減、その他諸々に奉仕し、寛容で領民に慕われたと記載がある）

道場で兄、徳太郎（指南役、槍の名手）が弟、源次郎と剣術の稽古中、突然の悲報で城中の緊急招集会議後、家に身支度と別れに帰る。

父熊澤勝太郎や母、妹に別れの挨拶をする。

長男徳太郎「父上この非常事態に至り、我が側近の熊澤家としても先陣を切って迎撃せねばなりません。母や、妹たちの事、後の事頼みます」

父勝太郎「分かった。皆に恥じぬよう存分の働きをしてくれ。二人とも死ぬでないぞ！」

母「お前たちの武運をひたすら神仏に祈っています。無事に帰って来るのですよ。今にぎりめしを作ります。少し待ってて。腹をこわさないでおくれ」

次男源次郎「父上、母上これまで育ててくれたご恩、決して忘れは致しません。撃退してご覧にいれます。ただ、まさかの事もあるかと思うので、覚悟はしておいて下さい。そのときは先立つ不幸をお許し下さい」（後に中山村で戦死する）

母「そのような悲しい事を言わないでおくれ！　死んではなりません。きっと帰って来るのですよ」（泣く）

二人の妹たち「兄様たち、どうかご無事で、後の事はご心配しないで下さい」（泣く）

兄弟「では、あとを頼んだぞ、行ってくる！　さらばだ！」（兄弟で登城、出陣する）

筆頭家老川部伊織の下、緊急対策本部を立ち上げる

藩士総登城、十番隊まで迎撃隊を結成、武器、弾薬を慌しく準備する。（会津藩では白虎隊なる少年隊もあり、年齢不詳）

駆け込んでくる各攻撃地からの伝令に従って派兵順と隊の配備を決める。

ウェブ上検索記録に新庄の闘いの経過と地名がある。二六頁の庄内兵配置図を参照。

新庄藩官軍に討庄を命じられ清川口の戦い

戊辰戦争時新庄藩の藩論は、勤王に一致していたが、一八六八年（慶応四年）四月十二日に、仙台にあった奥羽鎮撫総督府に、筆頭家老である川部伊織が出頭した時に、川部は庄内征討軍への出兵を命じられた。閏四月二十三日、鎮撫副総督の澤為量が薩長を中心とする討庄軍を率いて新庄に入り本営を置いた。討庄軍は、二十四日、清川口から攻撃を開始して、新庄藩の三つの小隊が出兵した。奇襲を受けた庄内軍は形勢を整えて、猛反撃を開始した。

新庄から庄内へ最上川沿いの道があった
（写真は本合海付近）
写真：新庄市商工観光課 提供

新庄藩奥羽列藩同盟に参加、清川口の詫び

一八六八年（慶応四年）、閏四月二十日に、総督府参謀世良修蔵が暗殺されて、閏四月二十三日に奥羽列藩同盟が成立する。新庄藩は用人舟生源左右衛門が署名して同盟に参加した。

同年、総督千坂太郎左衛門に率いられた米沢軍千名と庄内藩、上山藩、山形藩、天童藩を加えた総勢二千名の奥羽（越）列藩同盟軍が新庄を目指して北上した。

これに驚いた官軍鎮撫副総督澤為量は二十九日朝に、久保田藩（秋田藩）の領内へ脱出し、新庄藩は同盟軍を城下に迎え入れた。近習頭の竹村直記が鶴岡に行き、庄内藩家老の松平権十郎に会い、清川口の戦いを謝罪。（これ迄は、強行の官軍に押され、小藩では抗し切れずと恐らく金品にて）

新庄藩は同盟を離脱のため庄内軍の攻撃が始まる

　その後新庄藩は同盟を離脱する。七月十四日、羽州街道の松平甚三郎が率いる、庄内藩一番大隊が進撃する。庄内藩二番大隊は西方に迂回して、長者原（最上郡舟形町）、角沢（最上郡戸沢村）を通る道より新庄を攻撃するために進軍した。

　庄内藩一番大隊と松山藩の中隊が、午前八時に舟形を出発し、羽州街道を北上した。午前十時頃、先遣隊が突然左右の高地から一斉射撃を受け、死傷者が続出した。反撃しようとしたが、一番大隊の参謀長坂右近之助の提案で、正午頃撤退した。

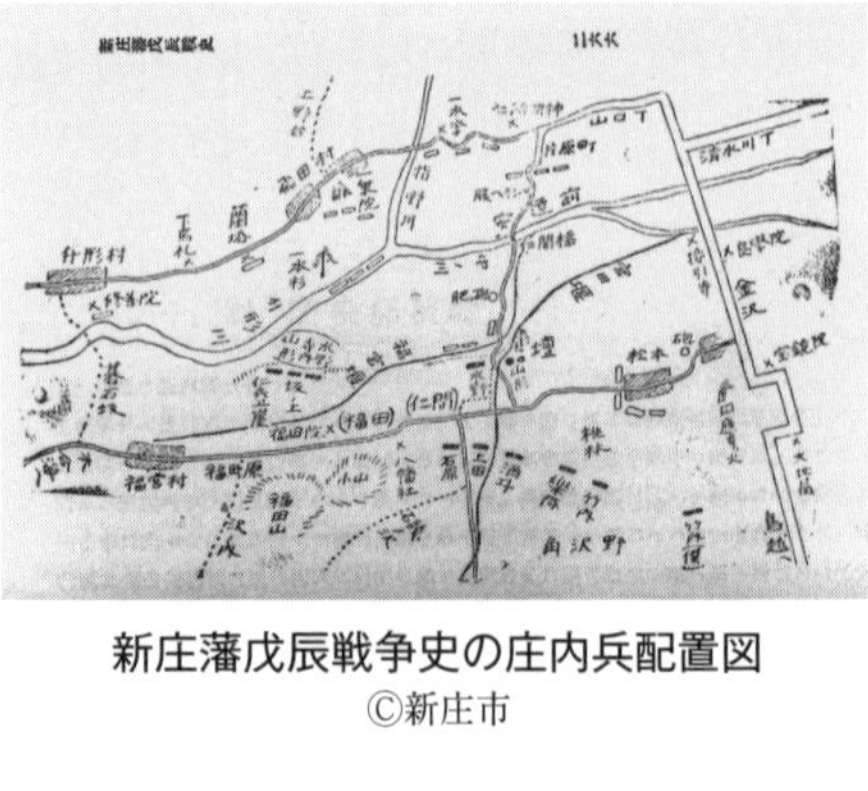

新庄藩戊辰戦争史の庄内兵配置図
©新庄市

　庄内藩、酒井吉之丞が率いる二番大隊は、南西方向から新庄を攻撃した。長者原と角沢で新庄藩より攻撃を受けながら前進して、清水で昼食を取り、福田・仁間村方面に進んだ。

一番大隊が敗走した後も、二番大隊は間道で、新政府軍と激しい交戦を続けた。午後になって、新庄兵は仁間村付近に援軍を送り、佐賀藩、長州藩の半分も援軍に向かうが、薩摩藩と残りの長州藩は城下を引き上げる。二時間の激戦の後、新政府軍は敗走を始め、庄内藩軍は城下に一気に攻め込んだ。

西軍敗走の訳と同情の声

佐賀・小倉藩兵は後方からの新庄藩兵の銃撃を裏切りと誤解したりし、西軍に新庄藩への疑心が生じて、新庄藩側に知らせず、薩摩藩と長州藩の半分は城下を避け金山方面に撤退した。二時間の激戦の後、残りの西軍は敗走を始め、庄内藩軍は城下に一気に攻め込んだ。

長州藩兵などの新政府軍は、守兵を塩根坂などに留め、院内に退いた。庄内藩二番大隊は戦死六人、負傷十人で、新庄藩兵は戦死二十二人、負傷三十人。薩摩・長州・佐賀・小倉各藩兵は死者なし。新庄兵を弾除けにして、危ない時は、すぐ逃げた西軍だった。新庄藩はかわいそうに……と同情の声。藩主のご母堂様が薩摩藩主の娘なのだから、もっと忖度されなければいけないはずだが……。ちなみに米沢藩主上杉茂憲の正室は土佐藩主山内豊資の三女で、そのつてで降伏勧告が土佐藩から来て、まあ早期に撤退したようである。と記載がある。

新庄城炎上の理由解説

新庄城炎上の理由がここにあった。戦闘中の西軍の疑心が原因のよう。何が勝敗を決めるか分からないものである。言い換えれば西軍が信じられなくなるほど新庄兵は最前線で使われ、裏切る恐れを抱かせるほど過酷だった事を物語る。西軍が新庄藩を信じ奮戦してくれていれば、庄内の進軍を退けられ、藩士たちの秋田への逃避行もなく、違った展開になっていたであろう。

ここに天運がなかったと言うしかない。然し、この運命のお陰と諸々絡み合う縁で、今日の子孫である私たちが誕生している訳であり、戦死者には申し訳なく思い勝手であるが、これで致し方なかったというしかない。ただただ、犠牲者の方々には深く感謝と哀悼の意を表す。

庄内軍が新庄城下に入ると、西軍はほとんどいなかったので、隊長の指示なくも怒り狂った兵たちが城下三千戸を焼討ちにした。新庄城下は折からの烈風を受けて大半が消失した。以前に金品で謝罪、開城との張り紙の効なく。二〇二三年十二月十三日にＮＨＫ・ＢＳで放送された「英雄たちの選択」で、酒井玄藩（吉之丞）率いる二番隊では退者は斬る！　の命で庄内兵も死に物狂いであったよう。後、鬼の玄藩（三随片無）も新庄領民に困らせる事をせず庄内と同様にと年貢も特に半減し温情を施している。

銃の性能と戦闘状況

新庄軍は当時先込め式ミニエール銃が主流であったが、庄内藩の持つ元込め連発式最新のスペンサーライフル銃には敵わなかった。当時、米南北戦争の払い下げ品が輸入されていた。何時の時代も銃器の性能が勝敗を決する要因となる。熊本田原坂戦で知られる西南戦争でも新式銃に敗れた。次項の熊澤源次郎は一八六八年（慶応四年・

明治元年）七月十四日に中山村で銃弾で足を撃たれた後、二十歳で死亡と記録にある。
各地域での戦況の詳細は複雑なため、割愛する。

熊澤家兄弟の別れの会話

羽州街道（現一三号線）中山村は新庄駅の北北東、鳥越村は南南東、馬を使えば早く着く。恐らく記録書によれば庄内藩一番大隊と松山藩の中隊が羽州街道北上とあり、この隊と戦闘したと思われる。中山村で弟源次郎が足を打たれる場面と鳥越村で兄徳太郎の負傷の場面は割愛する。

そして傷の痛みに耐え、駆けつけて永久の別れの場面。

源次郎二十歳「兄者、俺はもう駄目だ、無念！　然し、これまで色々有難う。喧嘩もしたけど楽しかった。後のことと父母のことを頼みます」

兄「何をいうか、大丈夫だ死ぬなよ！　俺は何もしてあげられなかった済まない」

（弟の胸で泣き伏す）

源次郎「いいよ！　兄さん、有難う」
　と言い、間もなく中山村で源次郎は息を引き取る。

庄内軍と戦う藩士たちの激戦地での会話

伝太郎「おーい太助、まだ弾と火薬は有るか？」
新庄太助「少ないが暫らくは持つ、今の内に城の殿様や藩士たちにもう持たないから早く逃げろと城に伝えに走ってくれないか、俺はいいからお前は生きて俺たちのことを語ってくれ、お前には色々世話になった。いい友達だった。有難う。さらばだ！」
（片手を振り、銃を持って前進）
友人・救次郎「おーい伝太郎！　俺も頼みがある。家族に遺言書いておいた。渡してくれないか！　援護射撃するから無事に帰ってくれ！」（結び文を渡す）
「爺婆、父母、弟、姉妹たちへ　帰れずに済まない。今まで有難う。皆の無事と幸せを祈る。俺の分まで生きてくれ、争いなどしないで暮らせる世の中にして欲しい。これが俺の願いだ。俺の死を無駄にしないでくれ！　皆のためなら喜んで死ねる。さようなら」

伝太郎「俺だけ逃げるようで済まない！　お前たちの気持ちを、ちゃんと伝えるからな！　出来るだけ頑張ってくれ！　死ぬなよ！　無事を祈る！　では行くからな」

（銃弾をかいくぐりながら城をめざす）

伝太郎「ご家老！　迎撃むなしく、全滅も近く間もなく敵が城にせまりましょう。今の内避難を！」

劣勢の知らせで藩主正実、籠城討ち死にを覚悟する

そこで筆頭家老川部伊織に説得される。

（奥座敷の先祖位牌の前で正座する）

川部伊織「殿は何処じゃ、殿！　ここで死んだら何にもならない。殿！　生きて苦難に耐え、再興してこそ死んだ者たちもうかばれるのですぞ、殿！」（悲鳴のように叫

ぶ）

藩主正実「そうであったか！　伊織分かった、では一時、秋田に逃れることにしようぞ」

無念のあまり涙を呑んで絶句する。

桃齢院と姑伊予子「殿、それでよかった。生きていればこそですよ！」

秋田久保田藩佐竹公へ避難願いを早馬で知らせる。

「庄内軍の攻撃で落城も間近でどうか避難のお助けを正実の願いです」

藩士、文を渡す。

折り返し、佐竹公「了解した。無事を祈る。万全の態勢で新庄藩士を待つ」の返事を持ち帰る。

城内では慌しく必要な品々の荷造りを始め、藩士たちは家に帰り身支度をし、残る家族の行き先を決める。

秋田へ逃げる準備、荷駄の列

一八六八年（慶応四年）九月頃、藩士たち数百名と共に金山、中田、主寝坂峠、及位、と佐竹藩に逃避する。

桃齢院と姑たち「さあ、支度だ、食い物、着る物、荷造りだ！　娘たちボヤボヤするな！」

金山郷有力者衆の協力と秋田への道案内（金山町史にその記録がある）

有力者領民「皆様よくご無事で来られました。まず食べて下され、道案内致します」

中田村庄屋の弥助家での奥方たち

一泊か休憩、姫たちが旅慣れず、草鞋もまともに履けない有様だったとか。（古老の語り）

主寝坂峠越えで銀を隠した伝説（峠の地名は主つまり藩主正実が仮眠でもした事からでは？）

峠の何所かにとか、近くの高頭山に銀の杓子があるという伝説もある、銀からしてその財産の一部では？　城の有り金をもって逃避したが、お世話になる佐竹藩に全部もって行っては後の再興費を取り戻し難くなる可能性があり、やむなく一部を隠す策なれど、場所が分からず回収された記録が無く、いまだ謎となっている。ある人が探索に行ったが分からなかったという。あくまで伝説である。

秋田久保田藩へ到着の様子（別名秋田藩、佐竹藩、久保田城と記載、ウェブ上でも名称の統一がない）

藩主正実「この度はこういうことになってご迷惑であろうが、どうか助けて下され」

佐竹公「遠い所よく歩いて来たのお！　大変な事が起きてしまって、まずは休め、腹減ったべ、さあ食べろ！　住む所決めてあるから、藩士や町衆の家族の所にお世話になって下され」

藩主正実「すまないのう。有難いことでござる」

桃齢院と姑「色々お願いします。新庄の方を見たら空が真っ赤でよう、恐ろしかった」

色々語る。

官軍が庄内軍を鎮圧（秋田、米沢側からの官軍の反撃で撤退する）

秋田から帰参に入る。岩手県境仙岩峠を越え、一八六八年（明治元年）十一月八日、盛岡まわりで藩士、七百余名（八島勢秋田県由利本荘市矢島町含めた数）新庄の約三千戸の焼け野原に帰還する。

（恐らく庶民は襲われまいから藩士たち中心で老人女子供は足出まといで大方、近村の親戚知人等の家に匿われたであろうと思われる。又、何故もと来た道でなかったかの訳は、官軍から南部領内治安警護に当たるべしの命令後、函館方面悪化、国境待機の指令後、八島と新庄兵は盛岡を制圧させられたためである。よって逃避に同行した家族たちはもと来た道を帰った可能性がある）

第Ⅲ章　戊辰戦争後の状況

一八六九年（明治二年）、戊辰戦争終わる

官軍が全国制圧、明治新政府となる。

熊澤家家族たちが帰還し墓参の場面

次男源次郎が眠る中山村の墓地で花を手向ける。

母「源次郎……あれほど死なないでおくれと言ったのに……、あんこ餅だよ。一杯食べておくれ」（泣く）

父勝太郎「さぞ無念であったろうがよく闘ったぞ源次郎、安らかに眠ってくれ！」

（頭を下げる）

姉妹「兄様、さぞ辛かったでしょう。おかげで私たちは生きています。有難う」

新庄太助の家族と恋人「兄様よく戦ってくれました。有難う。悲しいけど兄様の気持ちを汲んで頑張って生きます」

恋人サチ「アア！　私はどうすればいいの！　太助さんの事が忘れられない！」（号泣）

復興に向けて

各地で家屋の復興工事が始まる。

廃材の処分、材木運搬、大工左官工等、近隣から応援に駆けつける。

桃齢院「ワア！　焼け野原だ、住む所は焼けてない家にお願いしよう」

姑「お世話になります」

領民の夫婦「どうぞどうぞ、大変でござりあんしたなあ！　何もありませんがゆっくりして下され」

領民と藩士たち総出「庄内衆も皆が悪いとは思わねえが、庶民の家に火をつけるなんて酷いことするもんだ、おらたちに罪はなかんべに、仕方ねえ頑張るべ！　エッサホイサ、エンヤコオラ……」
（かつての反省から飢饉に備え領民のために藩が蓄えた夥しい量の備蓄米が黒こげで見つかった）
領民「わしらのために藩が残してくれた沢山の米、有難いことだが、勿体無いのう」
（嘆く）

新政府との関係、藩主、家臣たち熊澤家の暮らし

藩主正実は新庄県知事となる。後に山形県と併合。藩主家族は新庄から東京へ移転する。

参考：熊澤家の例、桃齢院の尽力で新政府の恩恵を受け、前記、熊澤徳太郎は名誉の負傷で米沢藩校（現興譲館高校）剣術指南教師に抜擢、長女は山形霞が城家老名門大河内家の縁を頂き嫁ぎ、徳太郎の子は宮内省と東京市役所の役人に採用されている。

これは一例だが他の多くの家族も同様に恩恵を受けたという。藩は新政府から財政難ながら一万五千石の俸禄を得る。（論功行賞で賞典禄・秋田藩は二万石）（山形との縁は築城時、政盛の義兄山形城主鳥居忠政は、関ヶ原の合戦時留守居役元忠の（長男死没）次男である。譜代同士で築城の縄張をしたという。これらから親縁が有ったと推測される）

戊辰戦争の経緯、要約

東北各藩は新政府軍との戦は望まず従順な姿勢であったが、総督府参謀世良修蔵が会津討伐を主張し、官軍の密書の内容と余りの横暴と侮辱に激怒した仙台藩士により暗殺されるはめになり、これが新政府に火をつけ列藩同盟を結束させる事になる。

当初、新庄藩は東に仙台藩（六十二万石）、西に庄内藩（十七万石）、南に米沢藩（十八万石）など同盟側の諸藩に囲まれ、交通の要衝にあるため、列藩同盟に加わらざるを得なかった。

その後、新政府軍に転じて「及位・金山の役」（山形県真室川町・金山町）などで幕府同盟軍、一例に伊達藩の軍と戦った。それにもかかわらず、新庄藩は新政府軍から戦いの最前線に送られ、捨て駒のように扱われ、特に舟形町小国川戦では試され最前線へ立たされた。当初、新庄は庄内藩とは友好関係にあったが、家老川部は庄内討伐を命じられる。行軍してきた官軍の勢いにおされ最上川沿いの道案内をする事になって清川口で戦闘が起こった。その恨みを買い、当時は官軍に突かれ抗し切れず止む無き仕儀と謝罪を尽くしたが、前記、庄内軍隊長酒井吉之丞の命令なくも兵たちにより、城下を焼き尽くされてしまった。

当初の逆賊汚名返上に桃齢院は薩摩藩士・大山格之助などを通じて官軍の誤解を解き、これに桃齢院は尽力したという。(二十二年後、一八九一年(明治二十四年)七十四歳で東京で没する。三田の常林寺に埋葬)

一八七〇年(明治三年)八月新庄城復活

城の復活とはいっても、三層天守楼の本丸御殿は以前に落雷で消失しており、他は庄内軍に焼かれてしまい小規模な館であったろうと思われるが、後に廃城となる。

前記、十一代戸沢正実は新庄県知事退任後、東京で子爵に叙爵され母が没した五年後の一八九六年（明治二十九年）、享年六十五歳で死去。長男正定の長男、戸沢正己《まさおと》が出世する。

華族で貴族院議員子爵を明治〜昭和初期まで勤め、戦後の昭和二十五年から四年間、第二代新庄市長を勤め、多くの業績を残した。一九六〇年（昭和三十五年）、七十一歳で死去。

戸沢正己
（「貴族院事務局『貴族院要覧（丙）昭和二十一年十二月増訂』」より）

市長時代の戸沢正己
【提供　新庄市】

第Ⅳ章　新庄祭りの経緯

新庄祭り始まりの紹介（鹿子踊りもある。詳細は第二部で紹介）

一七五六年（宝暦六年）、祭りの始まり。飢饉と大火災後、疲労困憊で四十四歳で没する五代藩主戸沢正諶《まさのぶ》が幕府から登城禁止の恥辱に耐え、三千石の借米をする超財政難ながら、庶民の天災続きの疲弊を元気付けるために創《はじ》めた。京都から音曲と、人形作りの技を学ぶ。藩内領民の窮乏する中、心の危機を救ったという。（一七六五年（明和二年）、江戸にて死去（四十四歳）。三田常林寺に葬られる）

江戸城にて幕府大目付と戸沢公、家臣との対話

大目付「戸沢殿、何故に蓄えを増やしておかなかったのか！」

正諶「余裕などなく飢饉には勝てませぬ！　また大火には如何ともし難く借米を賜わりたく」

大目付「米を金子に換えて蓄えがなかったのであろう、そういう藩もある。窮乏はどの藩とて同じだ、全ては管理不行き届きという他ない。だらしがない！」（と浴びせたおす）

大目付「よって戸沢藩の当分間の登城禁止を命ずる」

　当時、藩主にとって最大級の恥辱であったといわれる。一種の精神的刑罰によって藩主のプライドを傷つけて交際をさせず面目を潰し、借米をさせまいとする幕府の他藩への示しである。

正諶「ハハア！　三千石もの借米、有難うぞんじまするー」

家老「殿、登城禁止とは無念でござる！」
正諶「私など、どんな処分になってもよい！　領民の暮らしが第一じゃからの」

祭りを創めた解説

飢饉（一七五五年（宝暦五年）の大凶作）、大火（一七五三年（宝暦三年）、第四次の劫火で約半数が消失）の復興に精魂を使い果たし、体調を崩して帰らぬ人になる。そんな苦しい中でも、よくある一般的な神社の祭りではなく、疲弊した領民を救うために創め、幕府の恥辱に耐えた立派な名君と言える藩主であった。

歴代藩主の中でも災難続きの苦境に立たされ、最も短命で薄幸の藩主であったと言えよう。そのご恩に報いるべく、戊辰戦ではないが単独に取り上げるには短く、この場をお借りし、市民の敬愛が籠るため宣伝も兼ねるが、掲載させて頂くことをお許し願う。戊辰戦時下の正実にしろ藩主とは皆同じような辛い目にあうようである。

新庄市民の喝采の様子と各地の祭りとは

「チェレンコヤッサー」と引き手の明るい掛け声が空に響くと新庄市民の胸が躍る。

人は衣食住のみにあらず、苦労苦難の連続でも賑わい盛り上がれる神事や取組事の喜びが必要なのである。

東北各地にもあるように祭りの姿などは夫々であるが、シンボルとテーマが必要なのだ。続けてこられた約二百七十年の歴史には如何に庶民に親しまれ必要とされて来たか、何物にもかえ難い重みがある。昔話や歴史上の人物を人形に演じさせ、華麗さと手の込んだ舞台は見事である。

近年ユネスコの無形文化遺産に登録された。今も新庄市民の心の灯火である。祭りには全国から数十万人が訪れるという。祭りのもとに、全国で暮らす家族たちが団欒に集う。

鹿舞の写真（鹿が飛び跳ね踊る年は豊作であったという）
【©新庄市】

祭りの山車を牽引する子供たち
【©新庄市】

むすび

奥州に於ける戊辰戦争史は東北の各藩ごとに資料が膨大にあり、敵味方となる各藩の事情が絡み合い、詳細かつ複雑で理解に難儀する。そして戦争であるから刻々と戦況が変化して行くのは当然であり、これを小冊子に分かり易く纏める事は容易なことではない。割愛してもまだ多く、満足する結果ではないがお許しを願う。又、歴史書にはない隠れた人々の心に多く光をあてさせて頂いた。

本文中にも記載したが、新庄藩が敗北したのは、今更西軍の弱腰を恨んでも仕方なく、天運がなかったと言う他ない。若き新庄藩士たちはよく戦い貫いてくれたと思う。新庄兵を盾にする西軍を当てにせず、死に物狂いになれたのも前記、出陣の別れの会話にあったように、愛すべき家族や友を守りたいが一心に違いなく、新庄藩士の気高さからでもある。この気持ちを讃え、壮絶な最期を遂げた藩士たちを誇りに思い、この勇敢な若者たちのいた事を決して忘れてはならない。
続けると、残りの藩士と家族たちが籠城せず、秋田藩に逃げ延びる藩主の決断にも感謝であるが、これが出来たのも彼らが貴重な時間稼ぎの盾になってくれたお陰であり、この奮戦が決して無駄死にではなかったのである。後方にいる藩士たちに追いつかれていれば逃げる間もなく、もっと多くの犠牲者が出ていたに違いない。私たちはここを見るべきで、これに感謝の気持ちを持ってあげるだけで、無念に逝った人々の霊も、どれだけか浮かばれる事でありましょう。

本文中でも述べ繰り返すが悲運ではあったが、その後生き残った人々の諸々の縁で、今日の子孫である私たちが誕生している訳である。戦死者には申し訳なく思うが、ただただ、これに感謝する他ない。深く哀悼の意を表し、幾経過年に関わらず、ご冥福をお祈りしたい。

又、はじめにで述べたように、最後に新庄祭りを取り上げさせて頂いたのは、飢饉大火と続く不運のなかで藩主が身を挺して救済し、早世するが、領民を救うために祭りを創めた名君の感動から掲載させて頂いた。

今日の私たちの生活はともすれば楽しい事が優先で、先人の辛苦に目を向ける暇もなく多忙である。今を感謝し、たまには先人たちの歩んだ道を偲んでみては如何であろうか。

第二部　「戸沢の灯火、新庄祭り」に至る苦難の歴史

度重なる災難の中でも祭りをやり、生き抜いて来た先人に比べ、現代人が如何に恵まれた環境にあるかを見つめ、先祖の苦難の歴史に学び、今の生活を失わないよう、より良い社会を築くのが私たちの務めである。

他、歴史に潜む法則数から天の意を汲むと、定めでも先を読み、愛を尽くせば救いの道があるとの啓示か？

第Ⅰ章　新庄城の由来からお祭りまで　大火と飢饉の窮状

新庄城の由来

いまから約四〇〇年前に築城。一六二五年（寛永二年）立藩。初代藩主、戸沢政盛によって築城。三つの隅に物見櫓の平城で櫓本丸跡に三つの神社がある。

櫓門の跡に石垣がある。神社は戸沢藩の氏神として新庄天満宮が祭られている。県指定の有形文化財となっている。一八六八年（慶応四年）の戊辰の役で官軍につき、東北諸藩と対立、庄内藩に焼き討ちにされる。二〇〇五年（平成十七年）十二月二十日、史跡柱が設置される。

戸沢藩主の先祖は大和の国、平氏の末裔で一一八五年（文治元年）平氏壇ノ浦に滅亡する前年、一一八四年（寿永三年）に平衡盛らは岩手県の戸沢の地名を苗字として移り住む。恐らく前年からして平家の劣勢を見てではないだろうか？　後、秋田県の角館城主から小川城主、四万石となり、一六〇〇年（慶長五年）関ヶ原の合戦では藩主戸沢政盛公が若干十六歳で徳川方につき、その功績から、跡目騒動でお取り潰しになった最上家を退け、外様の米沢の上杉、仙台の伊達を牽制するために幕府の命で一六二五年（寛永二年）に赴任した。

新庄大火の記録

一六二五年（寛永二年）に築城して四年目の一六二九年（寛永六年）四月十八日、木の香りも新しい新庄城（初めは鵜沼城といい、後、沼田城という）の作事場から出火して、本丸、二の丸、惣矢倉は勿論、家中屋敷も全焼という悲しむべき事態が起こった。新庄大火の第一次という所である。

それから七年後、一六三六年（寛永十三年）に江戸城の普請手伝い中、新庄で、またまた侍屋敷から出火して城の櫓まで焼失し、その為に普請手伝いを免除されるあり

さまであった。新庄大火第二次であった。（三次は不明）

宝暦の大火と飢饉

時は一七五三年（宝暦三年）、新庄藩第四次の劫火で市街地の約半数が焼失し再建に年数を要した。

五大藩主正諶《まさのぶ》は歴代の藩主の中でも最も不運に見舞われた藩主であった。消失した家屋の再建も道半ばの二年後一七五五年（宝暦五年）の大凶作、農民、領民の餓死者続出、惨憺たるありさまとなる。

宝暦の飢饉は、江戸時代、一七五四年（宝暦四年）から一七五七年（宝暦七年）にかけて東北地方を襲った大飢饉。現在の岩手・宮城の両県にわたる範囲で約五万ないし六万人の餓死犠牲者が出たとされる。近世における東北の三大凶荒と称せられている宝暦、天明、天保年間の最初である。被害は、新庄藩に於いても例にもれず甚大な被害に合う。

天守櫓が再建されなかった事情

当時の極貧の惨状が浮き彫りになった。余りにも多くの不幸が重なった為、再建の余地のない事が分かった。一六三六年（寛永十三年）の火災以来天守櫓は再建されませんでしたと市史に記載がある。どうしてかと思っていたが、同様に火災による江戸城の天守焼失後も再建されていない、東北小藩の施政という実態は厳しいものである。領民の生活を考えたら絶対に不可能だったということも分かった。まず天災に加えて大火の多かった事に驚かされる。

前記、一七五三年（宝暦三年）、新庄藩第四次の劫火で市街地の約半数が焼失、再建に年数を要した。天守櫓の再建など望むべくもない。

飢饉の惨状その一

一七五五年（宝暦五年）から三ケ年間、東北地方一帯をおそった凶作の被害は実に大なるものがあった。当地方においてもその被害は甚だしく、特に前記、一七五五年（宝暦五年）は、最も惨状をきわめた。この年は、長雨が降り続き、冷気殊の外甚だしく、ついに大きな凶作となった。

この時の記録によれば「宝暦五年乙亥歳、冷気強くして大凶作なり。矢島御領分にては、御毛引二万六千俵なり（秋田八島藩）。新荘村にては二百五十一俵（新庄藩）、坂ノ下村にては五百四十俵なり。

乞食村里に満ち、餓死人路の辺に倒れる者、実に多し。御上にては舞杉に大いなる穴を掘り、餓死人を埋む。

或は兄弟妻子別れ去り、家をあけて他所へ出る者多し。百宅、直根に別して多し。家を離れて他所へ出る者は多く餓死せりという。この冬大雪にてとろろ、わらびの根など掘ることならず、餓死人いよいよ多し。御上にては、毎日かゆをにて飢人を救う。山寺に非人小屋をかける。ありがたきことなり。家財諸道具売りに出ることおびただし、盗人大いに起こる。とある。

又別の記録には「直根、笹子、中奥の沢方面の餓死実に多く、餓死人御領分にて三千余人」と記されてある。その惨状は推して知ることができよう。

飢饉の惨状その二と勘定方の減石

沢山の遺体は犬、狼に食い荒らされるため埋めなおした。松本のあたり丸仏のある所だそうである。空腹に耐えかね、金山郷有屋方面にまで山菜ぜんまいの根まで食い漁りに行ったと記録がある。「餓死者は虫となって稲を食う」とまで言われた。飢饉の後は疫病が流行るのが常だそうである。疫病退散を祈願と領民の元気づけに初祭りの前年、一七五五年頃が酷かったのであろう。

市内松本に一七七〇年（明和七年）、墓所に飢饉の供養塔が建立された。これは領民の暮らしが落ち着いて来て多少の余裕が出てからでないと出来ないとすれば、勘定頭が減石となったのはこの九年前の事である。財政難真っ只中だったと言える。新庄のような小藩では、J・F・ケネディ元米国の大統領が参考にしたという、米沢藩の上杉鷹山のような窮乏から救った産業復興など望むべくもない。

当時の藩士たちが減石される凶作の窮状

戸沢藩士分限帳記載、一七六〇年（宝暦十年）の御勘定頭御免と減石、この難局を乗り切れなかった事は十分考えられる。大火、凶作、疫病、幕府への借金と不運に見舞われ過ぎた。御勘定頭として藩財政立て直しに自ら責を取った可能性が十分にある。国ならば財務長官である。無力さと自責の念が分かる。幕府借米もあり、家来の一斉減石は他に例がある。更に調査を行うと案の定である。減石は一六九七年（元禄十年）以来宝暦の凶作まで三回行われたとある。宝暦の凶作では百石につき三十六俵の支給、つまり一割強にまで減らされたとある。こうして藩士たちからの借り上げ米は続いた。

更に一七五七年（宝暦七年）は最上川支流河川の氾濫で集落を移動させるほどであったという。一七五七、八年と旱魃《かんばつ》の為凶作が続き、実り多い年はなかったとある。

北隣りの秋田藩の飢饉による惨状

参考、天明と天保の飢饉について（気温が上がらず寒く苗が育たなかった冷害であ

る）

しかし再び襲った天明の飢饉にまたまた人口が下向している。一七八三年（天明三年）は、秋田藩はもとより、東北諸藩を大飢饉が襲った。農書を書き残した秋田郡七日市村の肝いり、長崎七左衛門は、この惨状を次のように記している。「幼児は捨てられ、父母を探し迷う姿は、まるで地獄である。路上での追いはぎ、強盗の様は修羅道と言える。かわいそうにと幼児の手に食べ物を握らせると、その親が奪い取って自分で食べてしまう。全く親子兄弟の情もなく、畜生道という有り様だ」。一八三三～一八三四年（天保四、五年）の大飢饉にあっては急激に人口が減少した事は事実である。天保年間（一八三〇～一八四四年）に入っても、天保三年～七年と五年連続の凶作。中でも天保四年が大凶作で巳年であったことから、秋田では「巳年のけかち」と称されている。

東北地方の被害は天災のせいだけではなく人災

実は、東北地方で多くの餓死者を出したのは、天災だけが理由ではなかったようだ。

東北地方の諸藩は、厳しい財政を維持するために大坂や江戸に米をどんどん廻していた。その結果、備蓄米がほとんどなくなってしまい、飢饉が起きた時に対応ができなくなってしまったというのが真相のようだ。ある意味人災といえるかも知れない、とある。これを施政の不手際であると幕府が怒る訳である。然し、参勤交代や江戸城普請あり、所謂「生かさず殺さず」地方大名の締め付けが根本原因であるが、そこを上手くやれということなのであろう。このような封建体制の結果でもあるとも思う。

新庄藩でも最上川を運河として酒田港から江戸、大坂方面へ米の輸送が行われたようである。幕府の政策が厳しく、前記、参勤交代や江戸城普請に財を叩かせ、諸藩では贅沢をするほど余裕はなかったと思われる。新庄藩ではその上、大火災が拍車をかけての飢饉である。

飢饉を招いた当時の気象の原因とは

気象学から推測すると偏西風の蛇行が変わり例年よりシベリア気団が南下停滞したことに違いない。地軸の傾きが起こったのでは？　という説もあるよう。これが宝暦、天明、天保年間の蛇行変化が大飢饉を招いた。どうして蛇行変動が起こるのか、火山の噴煙による太陽光の遮断とか、太陽の黒点の十一年周期で起こる減衰が及ぼす地球大気の何かしらの要因のためであろう。ヨーロッパではこの時期、多くの湖が凍るなど小氷河期に至ったとの記録もある。岩手県地方ではヤマセという冷気が恐れられた。これらの気候変動で目を背けたくなるほどの惨状を招いてしまったようである。

調査して分かったことは東北地方各藩で起こった大被害であり、新庄藩が特別ではなかったことで、他藩の飢饉の惨状も述べさせて頂いた。参考に、二〇三〇年に太陽が相当減衰し、ミニ氷河期に入ると二〇一五年英国の王立天文学会で発表された。太陽内部二つの周波数の異なる磁気波で黒点が減ると減衰期に入るという説である。然し、産業革命以降は、この減衰を上回る勢いで化石燃料の消費がなされ、温室効果ガスで地球が包まれ、温暖化が加速している。たとえ太陽が一時期衰退しても約十一年周期で又活動期を迎える。今日の異常気象で分かるように大量消費の自粛が求められている事に変わりは無い。世界の人口は増加し続け、最も懸念される食糧危機が迫って来ている。

金策に苦慮し、借金棒引きや川魚売り内職

参勤交代費用の捻出、江戸づめ屋敷の費用捻出。江戸城普請の割夫対応、大名、武士の体裁保持等、幕府の大名への圧政、農民と同様に各藩も生かさず殺さずなのである。贅沢からではなく、それらで、戸沢藩管理の最上川舟くだりで知られる。前記、米を銭に換える必要から大坂へ船送りとなる。よって備蓄米の確保が非常に難しい。そうしている内に想定外の事件が起こる。大火や飢饉、疫病である。積年の被害で借金返済や復興もおぼつかないまま、扶持米の据え置きや借り上げ、為替商人等からの借金棒引きに至った事もあった。

武士は表立って内職ができず、止む無く川で取った魚を女房たちが町にでて売り歩く有り様である。または役人の正式記録には残らないであろうが、窮地に付け込む闇社会の手引き人がいて、子沢山の家は農村と同様に隠れた身売りやヨタカとなる売春、窃盗などもあったであろう。人間、窮地に至ると醜い犯罪も常態化するからである。徳川幕府の封建体制はそれでも、そこを上手くやれということなのであろう。

藩士減石の事情要約

これで更に勘定頭の減石の事情が分かった。前記、推測の通りである。年貢米減少のため、一七六〇年（宝暦十年）、藩から今後三年間の元利とも借金の支払い停止が発令された。つまり借金の棒引きのようなものである。貸した方はたまったものではない。金融が成り立たなくなる。これは社会的に藩の信用をどれ程失墜させるものであるか計りしれない一大事で、それ程まで藩の財政が逼迫していたことを物語っていた。とある。これでは発令提案本部の勘定頭が無傷で済む訳が無いではないか。前記、他の藩士は一割強にまで落とされたとあるが、二十五石減で済まされたのは良い方と言わねばならない。お役ご免も自責からかは分からないが藩苦境の一大事、止む無きことであったと察せられる。このように減石の背景を探ると藩と当時の事情が分かる。調べてみるものである。

第Ⅱ章　祭りに至る苦難の背景と新庄祭りの様子

貧乏な藩士の暮らしぶりと五代藩主正諶《まさのぶ》公の難儀

藩士たちの暮らしぶりは苦しく何度も藩への抗議がなされたとある。然し、藩士の格式は守らねばならず。前記、藩士が密かに川で魚を取っては女房方が店に売り歩いて凌ぐ者も少なくなかった。

一七六五年（明和二年）、藩の苦境に追い討ちをかけるように第五次の大火に見舞われたとある。

一七六五年、四十六歳で正諶《まさのぶ》没するとある。この災難続きの中で無理も無いような気がする。

同年に又も領内の大火があり、全くついてないと思う。恐らく幕府に借米も返せず心労の内に没したであろうと察しがつく。不遇の藩主であったと同情を禁じえない。火災、天災との中で領民のため形振り構わず幕府に陳情、尽力された立派な藩主であったと境遇を労いたい。

その後これらの飢饉の経験から領民救済のため城内に備蓄米を多くして貯えたが、戊辰戦で庄内軍に全て焼かれ、跡から夥しい量の黒こげ米が出たとか。無念である。

この経緯から新庄祭りは勘定方として藩命に従い、費用を捻出したであろうと推測される。

祭りを創める勘定方の苦心と減石の事情

一七五六年（宝暦六年）、前年の凶作と疫病で疲弊する領民のため、藩主正諶公は天満宮の祭りを創めて領民を元気づける。新庄祭りの創まりとなる。勘定方として、祭りの資金などない中で相当苦心させられたと想像される。以後四年程度で幕府へ返済が出来たものか定かではない。

大火、凶作と続いた災難。再建、そして幕府への返済と逼迫続きで財政難は想像以上であったと推測される。一七六〇年（宝暦十年）の御勘定頭御免と減石、この難局を乗り切れなかった事は十分考えられる。凶作が続き、実り多い年はなかったとある。

藩主幕府へ陳情、領民の慰めを決意

以下は第一部でも述べたが、五大藩主正諶《まさのぶ》は領民の惨状を見かね、苦しみを救うため、当時、借米は恥とされるも苦渋の決意で、幕府より再建に三千石を借用。江戸で正諶公は施政の無力を叱責され、罰に登城出仕止めを食わされた。とある。一七五六年（宝暦六年）、前年の凶作と疫病で疲弊する領民のため、天満宮の祭りをはじめて領民を元気づける。新庄祭りの創まりとなる。

飢饉の翌年一七五六年窮乏の中、創めたお祭りの神事

一七五五年（宝暦五年）のこの凶作は、苦しい新庄藩の財政に更に一段の拍車をかけ、累年の収斂に苦しみ抜いていた領民にとっては、再起の希望さえ持てず、全く打

ちひしがれた姿で、このままにして置くなら、人口はいよいよ減少し、村々は荒廃して田畑はすたり、藩籍共に幕府に返上せざるを得ない有様であった。

藩主正諶はこの打ちひしがれた領民に、活気と希望を持たせ、かつ豊作を祈るために、かねて戸沢家の氏神である天満宮の祭典を領内挙げて取行うべき事を申し渡した。新庄築城当時南隅に祀られた天満宮は、戸沢氏の氏神として崇敬惜しからざるお宮であった。

領民は城内に自由に入れないために、吉川町に天満宮の出張宮を祀り、町内において祭典は行われてきたが、この度は藩主の命によって領内挙げての祭典となり、風俗を寛やかにし、博打も許し、町内からは賑やかに飾り物も出されることになった。その日の状況は「瑞相記」に詳しく記載されている。

古文書の記録にあるお祭りの様子

「祭当日は思い思いの供物相揃え、御城御橋え相詰め、御輿を相待つ所に御城内御宮にて勤行済み出御の御儀式、太鼓の音とうとう天地に満ち、御輿の出御の御行列正しく、弓、鉄砲、長柄の備え、先乗り（物頭杉山十太夫、町奉行松井又七）後乗り美々しく西の御丸の方へシズシズと繰出す。

　花笠、鉾色々の作り物、風に和したる旗指物、街城を廻りて、御物見前に差掛り、大手口より御町え出る所、貴賤群集おびただしく、雲霞の如く並み居て御行列を相見す、まことに昨日までは飢渇の責を受けし身は、俄かに心を転じ、此の節の若き者は後学にもなるならんと老人の物語を記し侍りぬ」とあって領内の人々の喜びは、例えようがなかった。とある。当時は厳かで物々しく領民にとっては普段見る事の出来ない有り難い感動があったようである。

城内からお神輿が繰り出す様子
画像提供：
新庄市ふるさと歴史センター

　祭典は、九月二十五日であったが、これは旧暦九月で季節的に遅いので翌年から八月二十五日に繰上げ、祭典の神輿渡御の行列、山車、錺物《かざりもの》を出すのは、藩主在国の年、即ち、隔年に出すことにした。これから参勤交代は、隔年であったと分かる。人生の約半分は故郷で暮らせたであろう。

幕末一八三〇年藩主正令《まさよし》の頃、お祭りの様子

時代は下って十代正令の時、その奥方は、島津侯から御出なられた方であるが、新庄に来られるに当たって慰めのためにと京都の人形師が遣わされた。この人形師は新庄に来て大小様々な人形を造られたが等身大の人形を五日町、十日町に下された。町内ではこの人形を主体として飾り、それを天満宮に供え、藩主にみて頂くためにお城の大手に並べるようになった。

祭りは城内において勢揃えできた頃、勢いよい狼火の音が轟くと、先ぶれの大太鼓がまず城を出て道筋を正し、続いて猿田彦が先導となって案内をする後から、徒士目付の「下に下に」の警ひつの声に続いて弓、鉄砲、長柄組、挾み箱、傘持、毛槍の供揃えの後に、白丁をつけた人々に担がれた御輿はシズシズと通る。

昔は戸外に出て土下座をして拝したもので、大正時代に入っても二階から見る場合など大声で叱られたものである。

名代の山車は、その後に続くのであるが、囃子方は各町内の枝郷から出るのである。この囃子は花車大八という侠客が、京都に出向き、頑固祭りの囃子を習い、それをまねて作曲したといわれ、宿渡り、活鼓の二通りを交互に町内を練り歩くのである。山車に飾る題名は歌舞伎の場面を始め、さまざまなものを取り入れるが人形は、能面師、野川陽山師の作品である。一九四八年（昭和二十三年）八月、天覧を賜わり、またニュース映画にもしばしば登場した。とある。

その後、ユネスコの無形文化遺産に登録される。このように幕末の頃は人形も登場し、島津藩から来た嫁の貢子姫への慰めの配慮であったとは初めて知った。土下座したり、二階から見下ろせずとは驚きで、如何に厳かなものであったのかを知る。野川陽山師の次男は私と同級生で彼の家でよく遊んだ。既にご逝去されたと伺った。こうして私が書かせて頂くのも何かの縁かと思いたい。

無形文化財鹿子踊り「ささら」豊作祈願と軍事調練

新庄祭に興を添えるもう一つのものがある。

山形県無形文化財に指定されている市内萩野に伝わる鹿子踊りで「ささら」とも言っている。

これは萩野仁田山の柿崎某なる者、小倉山で鹿子が群れ、さも愉快気に遊んでいるのを見た。

その年は豊作であったので、爾来豊作を祈念して鹿子に仮装して踊ったのが始まりという。

しかし藩主戸沢氏の先住の地である秋田県仙北地方には昔から各村に鹿子踊りの事が残っているし、特に戸沢鹿子は古くから存在している。しかもこれをみると、単なる踊りでなくて、その姿態は勇壮活発な軍事調練、武者押しの体であるといわれている。

（参考に、これは秋田や新庄藩が特別な事ではなく、定かではないが動物は本能的に特に地震で知られるが、他にも異変を感じ取る予知能力を持っているのではないか？との見方があり、広く知られている事から当時の人々は鹿の姿にもその傾向を感じ取っていたのではないだろうか。有名な奈良の春日大社を始め全国で「神鹿」として

神聖視し、保護敬愛され「神の使い」としている）

この鹿子踊りは、二代正誠が常磐丁に別邸を造営した時、これを祝って初めて藩主の前で踊った。

以来、旧七月十五日には鹿子の庭入りといって、この別邸で踊ってから町通りに出て踊るようになった。踊る鹿子は七匹で、面はかも鹿をかたどり、楽器は「ささら」といい、大竹を縦割にしてその割目に山形を造って、互いにそのところを摺り合わせる。鹿子踊りを単に「ささら」ともいい、踊ることをそこの人たちは「摺る」ともいっている。

（参考：札幌で除雪用にブラシ状のささら電車が走る）

踊りの歌詞には次のものがある。

泉の池に黄金橋を、おそれで
　みなが渡れ、鹿ども、鹿ども、
舞の小枝にさわれども

　生えた唐松、庭の見事よ、庭の見事よ。
日和よし、めでたい庭に、おどりきて
　五穀成就、鹿が遊ぶよ、鹿が遊ぶよ。
ありがたや、天の岩戸を、出たもうや
　恐れながらと、踊れ鹿ども、踊れ鹿ども
小倉山　峯の紅葉を　ふみ分けて、
　谷の牡鹿に　逢うぞ楽しき、逢うぞ楽しき

ちなみにこの鹿子踊りは、同じ萩野地区でも、仁田山と萩野二部落に伝え、村の人々で保存会をつくり、ながくこれを伝えようとしているのは喜ばしいことである。

第Ⅲ章　新庄城の詳細、市史を参考

戸沢藩初期の歴史

第一部他と重複するが、せっかくある資料であるからこの際、詳細に記させて頂くことにする。

新庄城が始まる前の事、戸沢衡盛は保元の乱に敗れて斬られた平忠正の子平九郎通正の忘れ遺子《がたみ》で、木曾義仲に従い、源頼朝に仕え、やがて現在の岩手県雫石に落ち着き、姓は地名をとって「戸沢」と称したといわれている。

一六〇〇年（慶長五年）、関ヶ原の合戦の頃、藩祖、政盛は、現在の秋田県角館の城主盛安の子で、長じて徳川家康に従い、数々の功を認められて常陸国（茨城県）松岡、四万石に封じられ、幕臣、鳥居忠政の妹を嫁にとり、幕府の信頼を一層深めた。

山形の最上義光氏亡きあと改易（相続争い）に伴って転封され、六万八千二百石を領して新庄に築城を許され、新庄藩の基を築き、郷土発展の礎を固めた。

一説には外様の伊達藩、米沢藩を牽制するため幕府より赴任させられたと言われている。

一六二五年（寛永二年）、新庄藩、立藩、初代藩主、戸沢政盛によって新庄城築城。十一年後の一六三六年（寛永十三年）、火災以来天守櫓は再建されず。

戊辰戦争で庄内軍からの攻撃（第一部でも述べたが詳細に）

庄内藩二番大隊の酒井吉之丞が采配をとって新庄城に攻め入ると、大手門は硬く閉ざされて「開城」と書いた紙が張ってあった。

新庄の戦いは午後五時に戦いは終了して、庄内藩は福田・仁間村に野営した。新庄は九月二十三日の新政府軍の奪還まで、庄内軍の管理下に置かれた。酒井吉之丞は降伏人の生命を保証して、年貢半減などを打ち出して、領内の安全は保たれた。

新庄藩側被害、戦死者十三名、負傷者二十八名。

（参考。後記される犠牲者数五十六名より少ないが負傷者が死亡したり、更に死亡者が発見され、後の集計で増えたと思われる。藩士の菩提寺は十日町の曹洞宗会林寺が主だそうであるが、徳川家に配慮して建てられたという同じ浄土宗、接引寺の花車家に私の同級生が嫁ぎ、故、先代の住職からここにも何名か葬られていると聞いたという。集計もれはないと思うが、今となっては確かめようもない。庄内藩の記録では新庄側戦死者二十二名、負傷者約三十名とある）

新庄城の解説

新庄城は、新庄藩祖戸沢政盛が築いたもので一六二五年（寛永二年）の完成と伝えられている。
新庄城址（最上公園）（市指定史跡）
本丸は東西五十二間、南北百二十七間、正面奥に天守櫓がそびえ、周囲は堀と土居で囲まれ、三隅に櫓を有する平城だったが、一六三六年（寛永十三年）の火災以来天守櫓は再建されなかった。

本丸の東側に二の丸、三の丸が設けられ、侍町を形成し、その外側に町人町がおかれた。

新庄城は二百四十三年間、戸沢氏の居城として新庄藩政の中心となったが、戊辰戦争に際して、庄内勢に攻められ、市街地もろとも消失してしまった。

その後、本丸には新庄学校、郡会議事堂などが建てられたが、現在は戸沢神社、天満神社、護国神社が祀られ、最上公園の名で親しまれている。

二の丸跡は新庄小学校、新庄北高等学校、新庄南高等学校の敷地になったが、その後、小学校、新庄北高等学校は他に移り、市民文化会館、ふるさと歴史センターが建っている。

天満神社の経緯（県指定建造物、旧領秋田県角館時代から）

新庄城址（最上公園）（市指定史跡）新庄城址本丸跡の南西隅にある天満神社は、

戸沢家の氏神として、旧領秋田県角館時代から尊崇された神社である。

同社の棟札に新庄築城の三年後にあたる一六二八年（寛永五年）に初代藩主政盛が建立したと、また別の棟札に一六六八年（寛文八年）に二代藩主正誠が再興したと記されている。

宝暦六年（一七五六年）の願文に同年の九月二十五日に新祭を営んで、領内泰平風雨順時五穀成就諸人快楽を祈ったことが記されていて、これが新庄祭りの創まりといわれている。

戸沢神社の経緯（始祖衡盛、藩祖政盛、最後の藩主正実を祀る）

新庄城址（最上公園）（市指定史跡）の戸沢神社は一八九三年（明治二十六年）創建にかかり、翌一八九三年（明治二十七年）に完成した。祭神は、戸沢家始祖衡盛と藩祖政盛、十一代正実を祀っている。衡盛の経緯は第Ⅲ章冒頭に記載したので割愛する。

山形の最上氏改易に伴って転封され、六万八千二百石を領して新庄に築城を許され、新庄藩の基を築き、郷土発展の礎を固めた。正実は年若くして藩主となり、長じて維新の変動期に際し、官軍に属し、庄内勢により落城、城下は戦火に全滅の悲運に遭った。一八六九年（明治二年）三月二十七日藩籍を奉還し、六月二十九日新庄藩知事に任命され、一八七一年（明治四年）新庄県となり、同年山形県に合併され、一八七二年（明治五年）八月、命によって正実は東京に移住した。

旧領民はこの三方を祭神にし、戸沢神社として祀った。

戊辰戦争に官軍の旗印として与えられた菊花御紋の旗が宝物として保存されているが、この旗は靖国神社と戸沢神社にしかないと言われている。錦の御旗が新庄にも翻ったとは時代の波を感じる。

・護国神社（全ての戦没者を祀る）

新庄城址（最上公園）（市指定史跡）の護国神社は、戊辰戦争以来の戦死者を祀っている。

この神社は、一八六九年（明治二年）、新庄藩主正実が、前年の戊辰戦争の戦死者五十六名を祀る神社として、太田の瑞雲院境内に建てたのが始まりである。その後、一八八三年（明治十六年）、遺族などの希望によって吉川町に移されたが、一八九一年（明治二十四年）、三転して現在地に移された。

戊辰戦争　五十六名
日清戦争　五十六名
日露戦争　百二十名
日中戦争・太平洋戦争　七百三十四名

遺族たちの願いもあり、城址公園の一角であるが犠牲者を偲べて供養するに相応しい場所である。

出羽　新庄城に関して（冒頭にダブルが詳細に）

一六二四年（寛永元年）戸沢政盛によって築かれた。一六二二年（元和八年）山形の最上氏が改易となると、常陸国松岡より戸沢政盛が六万石で入封した。はじめ鮭延城を居城としていたが、新たに新庄城を築いて城下町を整備した。

築城にあたって縄張は義兄にあたる山形城主鳥居忠政が行ったという。方形の本丸。南に二の丸。それを取り囲むように三の丸を配していたという。築城当初は本丸に天守があったが、一六三六年（寛永十三年）の火災で失われ、以後再建されていない。

一八六八年（明治元年）、戊辰戦争で新庄藩は秋田佐竹氏と同じく奥州列藩同盟に加わらず新政府側に付いた為、庄内藩によって攻められ、新庄藩側は城を捨てて逃れ、城下は庄内藩によって焼かれ、城の大半も焼失したという。

新庄の民話について

以前、「良い民話は時代を越えて残っていく」と、新庄、最上の民話にお墨付きを下されたのは、國學院大學名誉教授で口承文芸学研究の権威である、故 野村純一先生である。野村先生は若い頃、新庄市萩野に何年も通い、「笛吹き聟《むこ》―最上の昔話」を出版された。それもあって、民話や民俗学に関わる人たちの間では、新庄、最上が民話の里だということを知らない人はいないほどなのだそうである。

次に新国玲子さんによる「香雲寺様《こううんじさま》の話」。

香雲寺様とは新庄のお殿様で一六五〇年（慶安三年）に就任、戸沢家二代目藩主戸沢正誠公のことで、その武勇伝がたくさん出てくるお話を語って下された。新庄・最上では聞き覚えのある地名が次々に飛び出すとか。

聞いた話で金山郷有屋村に竜馬山という霊験な山があって、竜馬姿の神獣が出現するという噂を聞きつけた香雲寺様が駆けつけ鉄砲で撃った所、出なくなってしまったという伝説を聞いていた。（金山町史にその竜馬の絵が掲載されている）

そのお方が前記の藩主であったと知り、誰かと長年謎であったが納得。何者も恐れぬ方だったよう。

他にも竜神が現れるという池で似たような事をした結果、水害を被ったという話もあるとか。

第Ⅳ章　新庄藩史は秋田藩史なくては語れず

秋田の久保田藩（佐竹）の歴史

（原書名称を変えず要約する。湊（三春）城主秋田氏（元蝦夷民、福島三春藩へ）↓海岸の久保田城主佐竹氏（北茨城常陸↓減石横手城含め赴任。湯沢横手大曲を経て到達）

関ヶ原の合戦から二年後の一六〇二年（慶長七年）九月十七日　久保田藩初代藩主である佐竹義宣、秋田氏の居城であった湊城に入城。矢留ノ城には重臣の石塚義辰（大膳）が入り、「大膳屋敷の山」とも呼ばれるようになる。湊城は平城で防衛に向かないうえ、五十四万石規模の家臣団を抱えていた佐竹氏にとって秋田氏五万石ほか、横手城も久保田藩の管轄とした。

秋田久保田藩の佐竹氏は、関ヶ原で家康に敵対した訳ではないのに「態度が消極的」という理由で、常陸五十四万石から秋田二十万石に減封の上移転させられた。さすがにこの処遇は東軍の諸大名からも同情を買った。よほど家康は北条にも屈しなかったこの佐竹が目障りだったのであろう。この恨みつらみがあったようである。とある。

元々、秋田は土着の蝦夷勢力がずっと残っていた地域で今でも反権力意識が強い。佐竹の前にいた秋田氏は自身が蝦夷の末裔で、秋田を佐竹に譲って赴いた福島の三春藩も戊辰戦争では早々に新政府側についた。

同じく離反した山形の新庄藩も藩主は以前角館を本拠とした戸沢氏は、関ケ原の後、佐竹の領地の一部であった北茨城に移ったという因縁もある。前記、佐竹と蝦夷の積年の恨みが絡んでいる。

秋田（久保田）藩佐竹家は元々京都寄りの家柄だが、戊辰戦争が始まった時、秋田藩でも藩論が分かれたが、「我に於いて勤王に一決せり」という最後の藩主佐竹義尭《よしたか》

（四十二歳）の決断で方針は決まった。そして、近隣の新庄、本荘、亀田の各藩に呼びかけて連合を組んだ。

然し、東北の大勢は反官軍にあり、勤王諸藩は苦戦を強いられた。まず庄内藩によって新庄城が落城したが、久保田城が落ちる前に官軍の増援部隊が到着し、勝利できたという訳である。

秋田藩は比較的早い時期（七月）に列藩同盟から離れて、官軍側に付いたので、戦後の論功行賞では賞典禄二万石を与えられているが、秋田藩では旧領への復帰の期待もあったらしく、せっかく領内を荒廃させてまでも官軍に忠誠を果たしたにもかかわらず、報いが少なかったというので、かえって反政府的な気分が残り、現在でも左翼政党が強いなどの反政府的風土があるとか。

関ヶ原以前は常陸水戸五十四万石。関ヶ原では西軍寄りと見られて転封となった訳であるが、石高も明示されず、石高二十万五千石とされたのは義宣の次代、義隆の代になってからという処分で幕府には不満がずっとあったようである。そういう家風があって、戊辰戦争を迎えているので、旧領復帰の目論見もあったようである。

秋田藩というと、三春の城主が秋田家なのでそちらなのか、佐竹家の久保田藩なのか分からないが、どちらにしろ周囲を敵に囲まれている中、とりあえず同盟に入っておかないと攻撃されるから、新政府軍が到着するまでの時間稼ぎではないだろうか？当初、新政府に恭順するつもりで新政府の使者を迎えたが、その使者を過激思想の仙台藩士が殺してしまったため、奥羽列藩同盟に参加したという話は聞いた記憶がある。秋田はもともと勤皇思考の強い藩だったからである、とある。

（暗殺の真相：奥羽鎮撫総督府下参謀世良は会津藩討伐を主張し、新政府軍方への密書の内容に激怒した仙台藩士によって暗殺された）

秋田には戊辰に関する郷土研究家の吉田先生が多くの著書を書いておられ、秋田叢書、秋田県史にも詳しく書かれているので、それを読んで調べて初めて歴史を勉強する事になるから一度図書館で探して読んでみるとよい。とある。

それと、秋田は奥羽列藩同盟を「裏切り」という形で脱退しているので、特に仙台藩士には秋田藩は大変に恨まれていたようである。

角館は陸奥の「小京都」と呼ばれる。城こそ残っていないものの、武家屋敷が数多く現存し、城下町の雰囲気を今に伝えている。それら武家屋敷の幾つかは現在公開されていて入ることができる。

戸沢公と佐竹公の経緯（前記に重複するが詳細に）

角館に最初に城を築いたのは、菅（角館）氏で、南北朝時代の後半、十四世紀のことであった。その後、一四二三年（応永三十年）、戸沢家盛が菅氏を滅ぼし角館に入城。

戸沢政盛（一五八五〜一六四八年）は、関ヶ原の合戦、大坂の陣を通じて徳川方につき、その功績で常陸松岡藩に転封。その後、最上氏後、外様の仙台米沢を牽制のため松岡家臣と供に出羽新庄藩主となる。

水戸五十四万石を支配していた佐竹義宣（右京太夫／一五七〇〜一六三三年）は、関ヶ原の合戦の際、中立的態度を徳川家康に咎《とが》められ、久保田二十一万石に減転封され、初代久保田藩主となる。その際、角館城を与えられたのが、義宣の弟・蘆名義広（のち義勝／一五七五〜一六三一年）であった。

秋田藩の武家屋敷

秋田藩の武家屋敷では、小田野家武家屋敷、武家屋敷を観て回わると、まずは小田野家へ。

小田野家は初代藩主、佐竹義宣が常陸水戸にいた頃から佐竹家に仕えていたということから、相当に由緒ある家臣ということになる。秋田蘭画（秋田派）の祖で、「解体新書」の図版を書いた小田野直武（一七五〇～一七八〇年）もこの小田野家の出身である。

秋田藩、南部・盛岡へ進駐

こうして佐竹藩が領民の救済と領土の復興に当たっているとき、鎮撫総督府の軍監藤川能登が明治元年十月の下旬秋田に来た。佐竹藩に対し盛岡に進駐し、南部藩所持の武器、弾薬を接収し、同時に南部領内の治安維持のため警備に当たるべきとの命を伝えるためである。この時長州と徳山の藩兵も秋田藩へ協力し、南部領内を取締まることを命ぜられたが、函館方面の情勢が悪化のため変更し、新庄の戸沢藩と矢島の生駒氏に対し「急遽、南部表の警備が手薄となったので、万一を考慮し、出兵体勢を整え国境に待機せよ」との指令が下された。

間もなく藤川監察使は佐竹藩南部取締小野崎三郎ほか新庄、矢島の藩兵七百余人を従えて仙岩峠をこえ、明治元年十一月八日盛岡に到着。そして同十一日正式に進駐し、藩主南部利剛に対し、鎮撫総督の城明渡し指令を伝えた。翌十二日盛岡城は秋田藩隊長小野崎三郎へ引渡され、名称は南部表鎮撫行政司として武器も全部秋田藩の預かるところとなった。

第Ⅴ章　新庄藩主と徳川将軍年表と弱者問題と謎の法則素数他

初代新庄藩主戸沢政盛公の生い立ちについて

冒頭で四百年記念としたことから初代藩主政盛公について述べさせて頂くと、誕生については数奇な運命を持つ。以前二〇一八年頃にＴＶ歴史ドラマでも放映された。（山本周五郎氏作か？）

一五八五年（天正十三年）戸沢盛安の長男として生まれる。生母は盛安が鷹狩りに出た際に見初めた小古女沢村の百姓で庄屋、源左衛門の娘である。父の盛安が一五九〇年（天正十八年）に死去し、その跡を継いだ叔父の戸沢光盛も一五九二年（文禄元年）に死去、加えて光盛には継嗣がなかったため、戸沢家は断絶の危機に直面した。

当時、血筋とはかくも重大事で必死に探し見つけ出した。

家臣団は山伏の東光坊と暮らす母から政盛を奪い取り、至急大坂に上坂させて豊臣秀吉に謁見させ、家督を相続させた。この折には、光盛の正室であった大森御前（楢岡光清の娘、光信の妹）が養母として付き添った。もし政盛が父の鷹狩り時のお手付で生まれていなければ新庄藩は違う運命の展開となっていたに違いない。

新庄藩初代戸沢政盛公の肖像画
（茨木県松岡藩校　就将館所蔵）

似た例に三代家光の子綱吉は母が桂昌院で町の八百屋の娘である。徳川幕府の磐石な基礎を築いた保科正之の母は町娘、静で二代将軍秀忠が湯床でお手付の子である。まさに血筋とは身分に寄らずなのである。新庄藩開府の一六二五年時は政盛公四十歳。そして二〇二五年に四百年経過となる。

期せずして一〇二頁で述べる歴史法則数5倍の範疇《はんちゅう》となるを発見！　天が与えた

定めではないのか。
前頁、戸沢公と佐竹公の項要約：茨城常陸の佐竹公が秋田久保田藩へ転封され、角館の戸沢政盛は、関ヶ原戦の功績で一六〇二年（慶長七年）九月に譜代家臣と東茨城小川町（小美玉市）四万石小川城へ、一六〇六年（慶長十一年）多賀郡松岡城（竜子山城、現高萩市）へ、茨城に来て二十年後一六二二年（元和八年）九月、最上氏相続争い後の新庄へ、一六二五年（寛永二年）に新庄藩開府。残された松岡は水戸藩に。新庄藩士の中には茨城で採用された藩士も含むという。現小美玉市や高萩市民とは一部共通の先祖を持つ事で友好関係を持てよう。

徳川幕府と新庄藩の年代比較と災害年（年号は就任した年を示す）

一六〇三年初代、徳川家康
一六〇五年二代、徳川秀忠
一六二二年初代：戸沢政盛《まさもり》　一六二五年築城・一六二九年新庄一次劫火
一六二三年三代、徳川家光　一六三六年新庄二次劫火、天守再建されず

一六五〇年二代：戸沢正誠《まさのぶ》
一六五一年四代、徳川家綱
一六八〇年五代、徳川綱吉
一七〇九年六代、徳川家宣
一七一〇年三代：戸沢正庸《まさつね》
一七一三年七代、徳川家継
一七一六年八代、徳川吉宗
一七三四年四代：戸沢正勝《まさよし》
一七三七年五代：戸沢正諶《まさのぶ》
一七四五年九代、徳川家重
一七六〇年十代、徳川家治
一七六五年六代：戸沢正産《まさただ》
一七八〇年七代：戸沢正良《まさすけ》
一七八六年八代：戸沢正親《まさちか》

一七五三年新庄四次の劫火
一七五四年宝暦の飢饉始まる
一七六五年新庄五次の劫火
一七八三年天明の飢饉始まる

一七八七年十一代、徳川家済　　一八二八年虫害発生
一七九六年九代：戸沢正胤《まさつぐ》
一八三七年十二代、徳川家慶　　一八三三年天保の飢饉始まる
一八四〇年十代：戸沢正令《まさよし》
一八四三年十一代：戸沢正実《まさざね》
一八五三年十三代、徳川家定
一八五八年十四代、徳川家茂
一八六六年十五代、徳川慶喜　　一八六八年新庄六次戊辰戦の劫火

乳児間引きの風習、新庄藩領地金山郷からの嘆願

新庄藩に年貢の減免願いがだされた前年、一八二八年（文政十一年）は虫害のため、かなりの凶作であった。新庄藩では様々な対策がなされてはいたが、当時の農村は慢性的に生産が停滞していた為、根本的な対策とはならず、間引きの風はやまなかったようである。と金山町史に記載されている。

藩の各郷でも同様に飢饉があると何度も間引きが行われたと新庄市史に記録がある。
今日のような産児制限の術もなく、子供が多く生まれてしまうが、旱魃《かんばつ》や凶作、虫害が多発、育てる余裕がなかったようである。当時は乳幼児の死亡率が高く多く生んでおく必要もあった。

当時の老人や病人問題

乳児だけでなく、映画「楢山節考」（深沢七郎著）にもあるような姥捨て山的悲しい風習もあったかもしれない。今日のような医療もない、貧乏で働けなくなった病人や老人問題も深刻だったと思う。自死など頻繁《ひんぱん》にあったであろう。実際、子供の頃、近村の老人の首吊り話を多く聞いた事があり、自主的に命を絶った老人も少なからずいたのではないだろうか。

又、病の原因の一つに塩分の取り過ぎでの脳卒中も多かった。半身不随で片手片足をぶらぶらさせて歩いている人をよく見かけた。祖父母も高血圧の脳梗塞で逝った。

子供のころ母の実家に遊びに行くと味噌汁が塩辛くて飲めたものではなかった。おかわりしないで遠慮していると叱られた。農家の人は慣れて平気で飲んでいる。これでは短命になるのも無理はない。医学もまだ遅れていた。

映画では間引きか隠し子か嬰児の腐乱死体が小川のほとりに放置されている所から始まるが衝撃的であった。産児制限の方法もなく、又は不義の子か惨い風景が当時はあったのであろう。

NHK朝の連ドラ「おしん」では、流産させるため、妊婦が冬の川に下半身を浸していた。又は風呂の冷水に浸るとか。このような事も頻繁にあったのではないか。

奇形児はどう処理されていたか

又、奇形児の話として、子供の頃、友人の母親が戦後お産婆さんをしていて、人には語れない内緒の話があったという。片腕がないくらいでは厳しくても何とか生きていかれるが、一つ目、三つ目小僧などが実際に生まれることがあり、これではとても生きては行かれないと判断した場合、止む無く内々に泣く泣く、処理してあげる事があり、辛く悲しかったという。相談する人や場所もあり、その結果とは思うが、現場の人でないと分からない、言ってはならない凄まじい話である。お化けの絵にある一つ目小僧は本当の事で、適当な想像から生まれた絵ではないのだという。そこで今日の産婦人科ではこういう事例が出た場合どうしているのだろうか、一つ目の人は未だ見たことが無い。

不具者（身体障害者）はどう生きたか

たとえ間引きを免れても、不具者として生まれた子は見世物小屋に売られたりした。例として幼くして凍傷で両手足を失った中村久子さんの苦難と克服の話は有名である。結婚もし、まずまずの生活を送れる様になってからも、私を救ってくれたのは母が鬼となってくれた躾けと、見世物小屋であったと感謝し、幸福になっても忘れまじと、あえて見世物の舞台に臨んだという凄まじい気概の女性であった。少年時代、昭和三十年代終わり頃まで、新庄市場の近くに地方巡業に来るサーカス小屋の隣には、一緒に見世物小屋もかかっていた。

目の見えない（盲目）女性は瞽女（ゴゼ）になって語りや歌い芸で、猛暑の夏や厳寒の豪雪の中でも耐えて旅をしたり、青森県の恐山のような口寄せの修業をさせられた女性もいたという。
他に、戦時中どこにも食べ物のない中、尺八で門付けするしか生きる術のなかった、盲目の尺八名人、高橋竹山氏の苦難話は有名である。これらの話は以前にＴＶ番組でも放映された。

当時、不具者が生きて行く事は、死ぬ事よりも辛苦であったようだが、人は死が、たとえ楽そうに見えても断末魔で苦しむ場合もある。そう簡単に死ねないように出来ている。どんな逆境でも生き抜く本能的執念があるからである。以前、このような偉人を俳優で司会の関口宏氏の「鳩が出ますよ」番組等で紹介されたが、昨今のＴＶはバラエティお笑い番組ばかりで感動させる人物の紹介が無くなった。詳しくお知りになりたい方はこの人たちの名前をインターネットで検索して見て頂きたい。私もいつの間にかこういう話をナビゲートするような年齢になってしまった。僭越ながら、平和ボケした人々に活を入れさせて頂きたく、古い話を思い出してみた。

霊能者の不思議な話

母方の郷里に、盲目で「おなかま」（有名な故、霊能者で金山町史に記載あり）と呼ばれた婦人がいて、死者を呼んで貰った処、夫の浮気で三角関係となり、幼児を背負って秋田雄物川で自死した嫁さんが出てきて「水をたくさん飲んだのでお供えは温かいお茶がいい」と「口寄せ」され、詳しいことは何も知らされていない筈の「おなかま」の声に人は死しても心は残ると、遺族が感動したという。

更に霊能者「おなかま」の聞いた話を述べる。

ある人の子供が死んで墓に供えるため父親が、お地蔵さんを金山町の石屋から受け取り、妻方の婆様に言われた寺で、お経をあげて貰う入魂を忘れて持ち帰り供えたという。後日、婆様が親しくしている「おなかま」に訪ねた処、「只の川原の石ころと変わらぬ、悲しい」と亡き子供の「口寄せ」をされ父親は仰天し、我が子の霊に深く詫び、急ぎ寺に舞い戻り駆け込んだという。このことから、お経には霊を慰め癒し、供養する不思議な力が宿るようで、決して疎かにはできないことを知った。

新庄藩の惨状及び、鳥は人間の死を感じ取るのか？

飢饉とは、前記のような有様で新庄藩も例に漏れず。惨状は凄まじいものであったという。前記もしたが、餓死者が道に溢れ、人の目玉をカラスが食べ、犬が肉をあさる有様で急遽穴に埋めねばならず、今も市内に丸仏として残っている。季節外れで、未生育な蕨の根まで採りに、山遠く有屋村方面等の山々にまでさ迷い、採り尽したという記録がある。そんな物まで食べなければならなかった有様であった。

今日でもアフリカ方面の飢餓で子供が死ぬのを今かと側で待っているコンドル（禿ワシ）の写真があり、世界中を悲しませたが、飢饉当時も人間の死を感じ取るというカラスでも同様のことがあったようである。人の死が近づくと異常なほど不気味に鳴くことから「カラス鳴き」といって誰かもうすぐ死ぬなと言い恐れたという話を、田舎でおばさんたちや古老からよく聞いた。

参考：関ヶ原の合戦一六〇〇年、キリが良すぎる謎の法則

九二頁の年表の冒頭の三年前、一六〇〇年（慶長五年）、天下分け目の関ヶ原の合戦から徳川時代が始まる。この西暦に出合う度に思うが、この際述べさせて頂くと、当時西暦を知らず皇室が定める元号で事件が発生していた時代、何か奇妙な見事なまでのキリのよさに気づかれまいか、大事件を西暦に合わせタイムリーにするなど、これは絶対に人為的に成せる業ではないのだ。天によってプログラムされているからではないのか？　何か図り知れない人知の及ばぬ創造主のはたらきがあるような気がしてならない。

数と運命を研究する者として、何らかの天の意思があったと見る。何故こんな日本史に於ける中世から近世へ転換する大事件が、ランダムにプラス・マイナス一～九年にならず、キリが良すぎ、計画性を感じさせる。皆様、この程度の数字に驚いてはいられないのである。

他にも歴史には5で割れる西暦年に日本史上余りにも有名な大事件が、随所に起こる奇妙な傾向をご披露させて頂くと、例えば有名な大事件で源頼朝が一一八〇年伊豆で挙

兵、五年後一一八五年壇ノ浦の戦いで平家が滅亡し、後に鎌倉幕府が誕生する。十五年後、一二〇〇年源頼家が鎌倉幕府将軍に就任する。元号を西暦に直すと大方が5の倍数になるのである。何故か、前記の半端な西暦や経過年数にならないのだ。おかしいとは思われまいか。入試勉強では嫌気が先立ち、暗記し易い訳の疑問も持たずに来た。

更に日本史上余りにも有名過ぎる大事件がある。一五六〇年織田信長の桶狭間の合戦から一六一五年大坂夏の陣で豊臣家が滅亡する迄、主な五大戦争がプラスマイナス一年にもならず、キッチリ15年等間隔（北条〜関ヶ原戦は10年）に5倍数となる事をご存じであろうか、「そんなバカな歴史に法則数などあってたまるものか」である。これを私たちは何の疑いも持たずに看過して来ているのである。奇妙な事を言う私はまともな者ではない。

歴史には、ほぼこうなる傾向の不思議がある。西暦末尾4年の例に明治の甲申事変、日清、日露、第一次世界大戦の四大事件が10年等間隔なのである。私説「歴史はプログラムされているのではないか」という所以である。私はこのような奇抜な天に計画されているなどと歴史を覆すような戯言を教育上からも絶対言ってはならないし、信じてもならない。奇人変人に相違なくお許しを頂きたい。ここで多くの例を述べてはいないので、取上げた事件と西暦のキリが偶々《たまたま》連続した程度に見て頂く事を切に願う。

天といえども大宇宙を支配する数学の法則は隠し切れないのではないか、俯瞰して見ると、人間のＤＮＡに指の数５本を与えて数学の基本、十進法を知らせ、科学文明の道を開かせた。運命もバラバラな数より５倍毎に計画すると管理し易い筈である。

調査をすると、西暦自体を５倍数とするキリのよい法則だけではなく、前記、明治～大事件の例、末尾（４とか７）を同数とすると経過年が必ず５倍数となる。又は西暦計数を同数として生じる９年を運命サイクルとする等の法則を駆使し、限定とせずなのである。明確過ぎては人々がやる気を無くす恐れがあり、思い込まれないよう曖昧にする必要からであろうが、隠し切れない。この５は前記、大事件５倍の法則に一致し、人類の運命起点数ではないだろうか。

では、この５の由来は宇宙を成す素数でこれに従っている。ＮＨＫ・ＢＳの番組

『素数は宇宙の設計図か』で、素数のゼーター関数式が原子炉の脈動式に一致し、世界の数学、物理学者がエキサイティングしたという。

かつてノーベル賞学者が素数と相対性理論の講演中に突然発狂し、以来素数は、魔の研究と恐れられ、百年休止していたが、研究に再び火がついたという。素数は数の原子と言われ、及ばずながら立ち入って見ると、頭を狂わす事が分かるような気がする。規則性がなく難問だが唯一ブリヒタの素数円では8本の放射線上に出る法則があり、宇宙はやはり見えない所で素数に支配されていると感じる。

私も興奮し探すと、銀河の星雲やオーム貝等を成す渦巻き式の中に、この素数5が、螺旋比Φ＝（1＋√5）／2として、存在していることに気がついた。5の平方根が含まれる数式は珍しい。

つまり生物も素数に従っている証である。前記、やはり宇宙を構成する素数の一つで、銀河星雲の渦の流れが、人類の運命の流れに共通する素数を持つとは？　面白すぎるではないか。

他に、他愛もない気付きであるが、関数式によらない「新円周率計算法π＝素数31

の立方根」となり、根を開く方法もある。（関数電卓で可、計算機の能力で誤差がでる）つまり円周率を3乗すると限りなく素数31に近づく事で、宇宙の幾何学率の一つ「πの究極は素数に至る」を見つけだしたとNHKに提案した。

ついでに太陽の減衰が、地球の公転周期1回を数として見なせるなら飢饉当時の気象でも述べた十一年で、これは前記の原子炉の脈動式に準じ、何と太陽の核融合反応も素数11等分の時間周期に支配される事になる。将来核融合炉が完成した時、増減周期として参考になろう。探ると、雪や宝石の結晶と、昆虫の複眼や巣も素数を含む三角形が基礎である。又、原子が安定する化学分子構造式も同様。至る所に素数が介在し、専門外の私でも、前記の「素数は宇宙の設計図か」の感を一層深めた。数学は万物の基本で、人類も宇宙の一部である事を裏付けていると、勝手に感動である。

否、一人よがりの過大解釈も甚だしい大袈裟な見方ではあるが、楽しんで頂ければ幸いである。

この西暦は運命タイムスケールの必要からもキリストを誕生させたのは間違いない。

運命はバラバラな年数より5倍毎に計画すると管理し易いからである。調査をすると、キリのよい法則だけではなく、前記のとおり、計数、末尾数等も用いて限定とせず、明確過ぎては人々がやる気を無くす恐れがある。

では西暦計数の例をご披露すると、1・鎌倉幕府、（及び承久の乱年＝6、天皇↓武士）2・室町幕府、3・豊臣政権、4・江戸幕府、5・明治新政府（一八六九年グレゴリオ歴）の成立が計数全て6となり、運命サイクル九年で、巡り来る我国の五大政権成立に6の法則数のある事を知る人はいまい。

他、近年の五大戦争として、1・日本海海戦、2・第一次世界大戦、3・太平洋戦争、4・朝鮮戦争、5・ロシア・ウクライナ戦争（二〇二二年＝6）迄が、6なのである（尚、米南北戦争やベトナム戦争と湾岸戦争は5倍の法則）。前記した五大政権は全て戦争を伴いこれを合わせると十件にもなる。もはやこれを偶然と言う人はいまい。戦争は多くの人を不幸に至らしめる魔の仕業か？　これでは本来、人々を幸福に導く筈の天は矛盾し、進化の計画に魔を無くせないようにも見える。改革には人々が納得するドラマが必要で紆余曲折を経させ、良い方向に導いているのは確かだ。何故6が選択されているのか？　敢えて参考にするなら、キリスト教では本来、天地創造の良い数なのだが、罪を犯し奪われて魔の数になったとか？　定かではない。もし天の定めならば何故、多くの人命が失われなければならないのかが悲しい。前記の最近の戦争から、天は恒久の平和など保障せず、絶えず警戒を怠ってはならない事を示している。否、単に人間が過ちを犯すだけの戦争と不幸を、有りもしない天とか魔などのせいにするは暴論であり、お許しを頂きたい。数字から読む途方もない推測である。

ここに書かれた法則がもし当たるなら、ある程度未来に起こる大事件の年が分かり、何かは分からないが警戒心が持てるのではないか。言わば人災である。被害を少なくする心の準備が出来よう。例えばこの計数6の年に戦争に至りそうな兆候を見たら決断を避けるか先延ばしするとか。

然し、そう甘いものではない。攻撃があれば反撃しない訳には行くまい。後に引けない気運というものがあり、運命に嵌るが、そこに至らぬように抑止力等で、何とかして回避出来ればと思う。所謂、巷の占いではない。傾向からの統計学的なものである。高々数行の法則だが、かつてない説であろう。事は多大な人命に関る重大事である。ご一考され、注意してみてもよいのではないかと思う。

但し、寧ろ戦争などない年が殆どで必ずしもではない。心配ご無用だが、この計数6の年に勃発する傾向があるので、要注意として人々の幸福を維持する参考になればと思い、記載させて頂いた。恐らく私の愚説など信用されず、読まれもせず、書店の片隅から何れ消え去るであろうが、多少でも心ある人に読まれ、禍をかわす一助になればと、述べさせて頂いた。

このように他の法則数を用いて操作されていると思い込ませないよう限定とせず、様々な数にする配慮からであるに違いないが、普通、表年数では気付かれない、通常はやらないような足しを続けて0を抜き二桁にせず正数化するなどの結果、前記の9年サイクルとなる西暦計数まで読まれるとは天も思わないのであろう。天には済まない！　私の独創ではないだろうが、天の意思に背く発想をする者もいるのだ。隠し切れない。否、天はそこまでも読めぬ筈はなかろう。

よって「定めは致し方ないが、悲しみを回避し、和らげよ」と無言の啓示と受け止めたい。

手相占い書で、私の左手中央下にある黒子は珍しく、人が思いつかないような奇想をし易い相とある。奇人変人なのはそのせいかもしれない。

知られる事が天に不都合なら私を誕生させない筈ではないのか。偶々《たまたま》私で誰かが気がつく。

であれば、よい方向へ解釈させて頂くと、前記、詳細文「人々よ、宇宙に誕生させたDNAには愚者を含む弱者淘汰の掟があり、苦なくば進化なく、苦あって楽有り、この世は進化の道場でひたすら愛を絶やさず救いの道を開く他ないのだ。先を読み禍の元を改革改善せよ！　定めでも辛苦は英知をもって緩和又は回避できる余地がある」とのメッセージではあるまいか。

我々は甘い物（平和）は絶品であるが、それはかりでは生きて行かれないよう。安穏と暮らしていられない支配統一独占欲、最も厄介な優越感欲で差別は民族の誇りに化け、戦争も已む無しと、女、子供の叫びを聞かず、闘争本能の闘魂に変えてしまう愚を繰り返す傾向がある。

古代ローマ闘技場では殺しを見たがる人々もいたとか。遺伝子を運ぶ舟に例える女性も愛喪失で泣く割には刺激的な危ない人を求める傾向もあるとか。京都大学教授、故会田雄次氏の対談で名言がある。「天国にも地獄にも行かず、その中間で観ていたい」と、人々の刺激を求める心を代弁している。

平和を乱す諸々の不満を持つ遺伝子が悪の刺激を求め正当化し、燃え易い群衆が便乗。結果的に繰り返し改革改善へと導いているのではないか。大戦後、各国や日本も昭和の文化で至福を得たが世界では懲りずに又、失った親者の報復や統一の美名の下、逆襲の炎が燃えている。

英国の首相チャーチルが第二次世界大戦終結時に発信した「諸々の許せぬ怒りを放棄せねば復興はない」を忘れているか、無視している。天は危くなった地球の為、キリも無く自戒しない人類を、已む無く更に大戦か天災で増え過ぎた人口削減の鉄槌を下しかねない。

我田引水的に当てはめようと思えば事件など幾らでもあるが、二〇二〇年はコロナ禍へ突入した。5倍数の二〇二五年が要注意である。これを裏付けるかのように令和五年放映『やり過ぎ都市伝説』番組でプーチン禍を予言したブルガリアの霊能者、故ババ・ヴァンガ婆さん（一九一一～一九九六年）と著名な人々が述べた大事件の恐れありに不気味な一致で、外れる事を祈る。

この婆さんの言うには普通の人間には見えない不思議な生き物が、未来の出来事を予知夢として教えてくれると主張していた。とある。不思議な生き物とは何か、神か宇宙人か？　では何故、特定の霊能者に時々未来を垣間見せてくれるのか、何かの警鐘とは思うが謎である。昔し紹介された韓国の婦人霊能者が、ベトナム戦争終戦1975年（20年間5倍法則）を来年だなと言い当て「あんたも分かるだろう」と言われたが、今思えば私が法則に気がつくと観ていたのだろうか？

そして予言の約二〜三割が曖昧とか、それでいい。我々は怖いもの知りたさで期待するが、完全では「避けられないのか」と脅威となる、天の配慮からであろう。当たらないのがあっていい。

例えば大騒ぎとなったノストラダムスの予言「一九九九年第七番目の月、恐怖の大王が降りてくる」が、当たらずによかった。でないと未来に自由度がなくなるからだ。納得すべきである。

予知夢をみたり、霊能者等（聖書にキリストも予言者とある）が予言できるのも、未来がプログラムされているからに他ならないのではないか？　私の唱える歴史に法則性のある事を裏付けているような気がする。

他に前記の、二〇二二年＝6の法則通り的中し、露・ウクライナ戦争が勃発。終結は世界が泣こうが喚こうが別の法則数の二〇二六年＝1（又は前記の二五年）と見る。外れても終わる希望があれば良しとお許しを願う。一部の傾向（例、第一次と第二次の世界大戦終戦年が＝1）から申し上げるので必ずしもではない。

又、大久保利通や日本海海戦の秋山真之が見た予知夢の本がある。誰でも見よう、私も一時期朧げに大火災、日航機事故等、日常のトラブルを見たが回避できた例が無い。これも定めだからであろうか、「歴史にもしもはない」と言われるのも天の計画性に気付いた人の言葉ではないのか。

脳科学では、自分という意識の存在が謎で、実験で意思決定前に運動野が既に決めている不可解を令和六年ＮＨＫ『園芸図鑑』ゲストで脳科学者の中野信子さんが述べ、同様に二〇一六年ＮＨＫ『時空を越えて』でもベルリンのＪ・ヘインズ博士が自由意思は幻想でプログラムされていると述べていた。何時もではなく、肝腎な時のみ何かに操作？　されているとは解釈できまいか、そうすれば前記した、天の働きで歴史が進展することにも説明がつく。

又、ＴＶ番組ロックオ〜ン♪で知られる『占ってもいいですか』も数字が基本である。歴史とは個人の運命の延長線上にあり、数字を基本として不自然ではない。一見何気ない西暦や経過年の数字でも統計を取ると不思議な傾向が見えて来るのである。

大宇宙に於ける知能体である人類の存在の意味と謎として「神とかＤＮＡの意志とは何ぞや」。未だ解明されていない。古今東西の宗教哲学科学の天才たちが問い続けて来た。不死の知能ＡＩが出来たり、核融合炉のミニ太陽すら出来そうである。飛躍し過ぎだがこの宇宙自体が超知能体による創造物ではないだろうか？　そのような同説を唱える人もいる。

尚、数字と運命は根拠のないまやかしと言われよう。動機は親子三代に渡り誕生日が同数や人々の命日も同様、例えば明治維新を開いた坂本龍馬は誕生日に暗殺されている等の不思議からで、歴史の運命数に目覚め独創と思っていたが調べると、古代ユダヤにキリストも用いたであろう説の数秘術があり、これに準ずると知り、三千年の歴史という裏づけを得ている。形通りの歴史では面白くないかと隠れた謎の法則を述べてみた。さて、色々と述べさせて頂いたが、間違いだらけの愚考、推論である。お許しを頂きたい。ここは信じるに及ばず、お忘れを。

むすび

大量消費時代の現代人の反省と希望

始めはこのような辛い惨状を書くつもりではなかったが、この際に贅沢の教訓として述べさせて頂いた。今日が如何に恵まれ過ぎているかである。毎日廃棄される何千トンもの期限切れや食べ残しの食品、そして大量消費、これを繰り返す愚かさで環境破壊に繋がり、何時か必ずやしっぺい返しを食らう気がしてならない。私自身「米一粒は百姓の汗と血だ、残すな！」という親の躾けも忘れ、椀の米粒を取りきれないことがあり、本を書く者として、分不相応な偉そうなことを述べねばならない辛さがある。どうかお許しを願いたい。

既に異常気象となって世界を襲い始めている。これは間違いなく人間の生活がもたらした結果だと著名な学者が先日新聞で述べていた。（前に飢饉時の気象と太陽活動の変動について述べた）

童話の働く蟻とキリギリスの怠慢話や、ローマは贅沢をし過ぎて滅んだ事を忘れている。どの様にしてか、依存する快楽を制限するかにかかっている。必ずしも皆が贅沢しているとは言えないがキリがないのだ。少人数だけでは駄目で、多くの人が共感協調し実行しないとならないのが難しい。

地球の天候を戻すなど不可能であろう。世界中で先進国は二酸化炭素排出制限に取り組んでいるが、世界大戦の反省もなく、都合のいい論理で正当化し、いまだ侵略戦争が絶えていないのは嘆かわしい。為政者は自国の事しか考えない、どうして歴史の愚行を繰り返すのか理解に苦しむ。武器を持つ快感に酔い、闘う事が生甲斐にすらなっているのではないか。詩人故、相田みつを氏の明言がある。「譲り合えば余る。

奪い合えば足らず」が何故分からないのか、今地球は病みはじめている。今、最もこの言葉が求められている。時間の問題で破局は避けられないのかも知れない。

私が釈尊の生まれ変わりかと思うほどの僧、鳩摩羅什はサンスクリット文字原本経典に「我が肉体は滅んでも舌（法説？）だけは残るであろう」と予言し、独自の解釈も加え漢字に翻訳し、滅亡した西方キジ国の王子で、王族の骨肉の跡目争いを避け、大乗仏教「一切衆生の済度（救い成仏させる事）を目ざす教」は最も大事な教えとの母（王女で観音菩薩の化身か？　父は印度貴族）の諭しに従い出家し、東アジアに布教したシルクロードの偉大な高僧である。私は曹洞宗であるが、この世の命を尊ぶ法華経を重く説くとか。鳩摩羅什が語るシルクロードに伝わる今日にも通じる例え話がある。

「昔、双頭の鳥がいて、いがみ合ってばかりいた。ある日、何かで怒り狂った方がもう一方を殺してしまったら、その影響で同じ体が病み、共に死んでしまった」という話である。共倒れするという戒めである。その身体こそ、けんかや戦争をせず、仲良くすべき自分自身であり、母なる地球なのではないか。前記した、翻訳（玄奘三蔵訳を含む）の教えがなければ、今日の各寺で唱えられているお経は存在しなかったのである。

ここで二大訳聖と呼ばれる後の玄奘三蔵を述べさせて頂くと、当時、三蔵法師の周りには間違った経典しかなく、より正しい原典を求めて命がけで国禁を破り、想像を絶する何千キロもの山河や砂漠を歩き、命果てんとする時、現れた菩薩の姿に導かれた所の砂を掘って水脈に当たり救われたり、ある王族に助けられたり、奇跡的な旅をしながら天竺（インド）から仏典を持ち帰った時は、国禁犯しも問われず歓迎された。このような、翻訳を成した偉大な僧のいたことも忘れてはならない。

又、盲目となっても我が国に戒律をもって正しい仏教伝道を成し遂げた鑑真和上然り、人々を救おうと困難に立ち向かう時、天は決して見捨てはしない事を教えてくれている。

又、他に「茹で蛙」の話がある。カエルは急に熱くなると飛び跳ねられるが、ゆっくり茹でられると麻痺して逃げ出せずに死んでしまうそうである。人間の生活と地球の環境に似ていないだろうか。ジワジワくると気が付いた時は既に遅く、恐ろしい結果が待っているということである。

昨年、一寸残暑が続いただけで農作物が不作で高騰したという。同年、世界各地の森林が高温のため大火災が発生し、又、旱魃や極端な洪水に泣かされた国があったのも記憶に新しい。魚類も暖流が北上し、漁業異変が起こっている。毎年大漁だった秋刀魚が激減したという。ご承知のように物理で水は比熱が一で温まり難いが最も冷め難い物質でもあるのだ。戻すのが困難だという事である。

氷河や永久凍土が溶け温暖化の元になる閉じ込められていた温室効果ガスCO_2の20倍のメタンが放出されている。二〇二四年四月にＮＨＫ・ＢＳで放送された『プラネット北極圏』によると、北極の氷は、夏の比較で一九七九年から二〇二〇年、高々四十一年間で約半分なのだ。加速し十一年後の二〇三五年頃には消える見込みとか、猛暑で恐ろしい食糧難が見えよう。数字は冷酷に深刻さを物語る。私たちは涼しくなると「喉元過ぎれば熱さを忘れ」である。今戦争をしている国々は何を考えているのか危機意識が薄い。

森林破壊や高温気象による火災等を、対岸の火事と見ているが、酸素の供給が何時か断たれかねない。肉食に偏り穀物減少、両極の解凍、海流異変、これでは前記の、贅沢と我がままでローマが滅んだ教訓が生かされず、人類滅亡もそう遠くないのかもしれない。今日の人々は大方が恵まれ過ぎているのではないか。贅沢を戒め、弱音を吐かず、時々は本書で述べた苦しかった時代に目を向けてみては如何であろうか、そうすれば恵まれた現代人の辛さなど、どれ程でもない事に気がつくであろう。

誰かが理性的でも駄目で皆で愚かな人々を抑えていかなければならないが、これが出来ない。

すぐ楽な神頼みをする。これでは「人事を尽くして天命を待つ」とならないではないか。「神は自らを助く者を助く」の言葉もある。一生懸命努力することに尽きる。艱難辛苦の試練を与えられなかった先駆者は歴史上ただの一人もいない。

前記、鳩摩羅什も中国将軍に母国を滅ぼされ、数々の迫害に遭いながら耐え忍び、経典の翻訳を成したのである。その他の多くの偉人たちも然り、「艱難辛苦は汝を玉にする」。まさにこの世は万事上手く行き難い「修行の場と心得よ」である。

我々は文明や科学の衣をまとい意識が薄いが、何もかも過保護にされ、昔の人と違い環境に脆い生き物になっている事を忘れている。このままでは近い将来に滅亡する日が来る気がしてならない。

然し、若い諸君、決して未来はそう捨てたものではない。必ずや世界の良心ある多くの人々が立ち上がって解決すると信じている。また余りにも地球が危うくなると、その前にＵＦＯが救済にコンタクトしてくるという。些かＳＦ的で信じ難く恐縮ではあるが興味深い説の「やりすぎ都市伝説」番組が昨年あった。私は絶対に神も仏もない筈はないと信ずる。そう未来を悲観することはない。

日々将来に夢をもって努力すれば、いつか必ずやよい結果が出ると信じるが、世の中そう甘くはなくできている。くじけずに立ち向かうことである。

著者後記として、このような多岐に渡る歴史の引用書は複雑で量が多く重複や間違い探しは疲れ果て集中力の持続が難しい。どこかに漏れがあった場合、どうかお許しを願いたい。更に引用のままとせず、敢えて独自の解釈や他の調査文を加筆している。精査をされる方々によっては異議を頂くかも知れない。よって本書を教育的な資料にされる事はご遠慮願い、引用文献の見出し的な紹介書としてご覧頂きたい。正しく深く興味を持たれる方は、是非、参考文献の原書をお読みする事をお勧めするものである。又、特に第一部では記録書にないことを想像した部分が多くあり、伝説や聞き伝えもある。他、参考にと面白く試みた謎の法則も含め、本書を決して信じきらずに、あくまで物語りとしてお読み頂くことを切に希望するものである。めでたく迎える新庄藩開府四百年を記念して昔をお偲び頂き、多少でもご参考になり、皆様の未来が幸多いものになればと、祈りながら筆をおかせて頂く。

菅原道定

参考文献

・「新庄藩」（シリーズ藩物語）現代書館　郷土史研究家・大友義助（著）
・郷土資料蔵書（非売品）「新庄市史」「新庄藩戊辰戦史」
・新庄藩系図書　新庄図書館所蔵　戸沢藩士分限帳
・「新庄市史第４巻」　郷土資料蔵書第16集に徳太郎源次郎の記載有り
・戊辰戦死者名簿（初代山形県令三島通庸より奉納）ふるさと歴史センター所蔵
・「金山町史」（町役場所蔵）　昭和五十六年読売新聞掲載、神奈川の系譜、熊澤家を参考
・「歴史人」　２０２３年１５５号特集15代徳川将軍
・他、ウェブ上の資料及び、ＴＶ番組等を参考

著者プロフィール

菅原 道定（すがわら みちさだ）

1947 年 山形県最上郡金山町で誕生
※新憲法施行、西暦末尾 7 の運命法則年に誕生する
1966 年 山形県立新庄北高等学校卒業
1970 年 國學院大學経済学部卒、教職課程履修
※物理、科学が好きで閃きが多く出るため、発明家を志し教職に進まず
1969 年 中央工学校機械設計科卒業（田中角栄元総理、学校長時）
1968 年 東京 12 チャンネル「アイデア買います！」トップ賞受賞
※東京都南部労政会館にて約 200 名予選会後 3 名選出ＴＶ出演
※自身の家族誕生日と命日の不思議から運命数に目覚め歴史の法則数を研究

著書 「縁数学の発見」1999 年・文芸社刊／菅原正道著※旧ペンネーム）
「歴史の法則数で未来を予測」2019 年・文芸社刊

新庄藩の嵐と灯火 その藩史と謎の法則

2024年 9 月15日 初版第 1 刷発行

著 者 菅原 道定
発行者 瓜谷 綱延
発行所 株式会社文芸社
〒160-0022 東京都新宿区新宿1－10－1
電話 03-5369-3060（代表）
03-5369-2299（販売）

印刷所 株式会社平河工業社

ISBN978-4-286-25488-3